KB143415

분쟁 없는 건축을 위한
건축주 학교

분쟁 없는 건축을 위한
건축주 학교

이종민 · 천수진 지음

두드림미디어

앞으로 건축계에서 인공지능(AI)이 할 수 없는 유일한 일은 사람과 사람과의 관계의 문제를 해결하는 일이 될 것이다. 이미 랜드북(Land-book), 밸류맵(Valuemap) 등으로 건축 기획과 평면설계를 하고 미드저니(Midjourney)로 투시도를 뽑아낼 수 있다. AI가 건물을 디자인했어도 의뢰자가 마음에 들지 않으면 AI에 다른 명령어를 입력해 새로운 디자인을 출력할 수도 있다. 그런데 기계번역시스템에서는 'Post-editing'이라는 말이 있다. 이 말은 기계번역에서 전문용어 등은 완전히 자동번역이 되지 않으므로 사용자가 부분적으로 수동 편집 작업을 하는 것을 말한다. 즉, 건축가가 AI에게 어떤 내용을 입력하는가도 중요하지만, 그 결과물을 어떻게 다시 현실에 맞게 편집하는가도 중요한 것이다. 여전히 건축 전문가의 손길은 필요하다. 물론 시공에서도 지금의 건축 시공 기술발전 속도를 보면 여전히 사람의 손길이 많이 필요하다. 프리패브(Prefab), PC공법 등으로 건축 기술이 발전하고 있지만, 대형 건물을 제외한 소규모 건물에 적용하기에는 공장생산과 물량의 한계가 있다.

앞으로도 여전히 건축을 하려면 사람을 만나야 한다. AI가 도면을 그려도 'Post-editing' 이후, 건축주나 담당 공무원에게 설명하고 이해시키는 과정이 필요하다. 시공과정 중에 설계변경이나 공사비용에 대한 이견이 있으면 시공사와 끊임없이 대화해서 문제를 풀어야 한다.

앞으로 대부분의 일을 AI나 로봇이 사람을 대체하겠지만, 모든 건축 과정을 연결하는 일은 결국 사람이 해야 한다. 그래서 건축주와 건축가는 건축 기획에서 시공 마감까지의 모든 과정을 이해하고 서로 협력해야 한다. 서로가 모든 건축 단계에서 분쟁이 생길 소지를 최소화하는 방안을 모색해야 한다. 우리의 인생에서 건물을 짓고자 하는 시기만큼 행복한 때가 없다. 이 행복한 시기에 사람으로 인해 마음이 상하는 일이 없었으면 한다.

《분쟁 없는 건축을 위한 건축주 학교》가 건축에 대한 깊이 있는 전문지식을 다룬 책은 아니다. 초보 건축주가 건축의 과정을 순조롭게 이끌어 나갈 수 있을 만큼의 건축 지식만 담았다. 이제 건축을 시작하고자 하는 건축주들이 이 책을 충분히 숙지해서 부동산 매입, 건축 설계, 건축 시공 그리고 하자보수까지 모든 단계 중에 건축가와 함께 분쟁을 줄이는 노력을 했으면 한다. 이 책의 핵심은 건축주, 건축가, 시공사가 함께 확인할 수 있는 객관적인 문서를, 건축의 시작부터 마칠 때까지 함께 작업하는 일이다. 이제부터 시작이다.

건축가 이종민

건축 설계 단계

건축 시공 단계

하자보수 단계(방수/결로/단열)

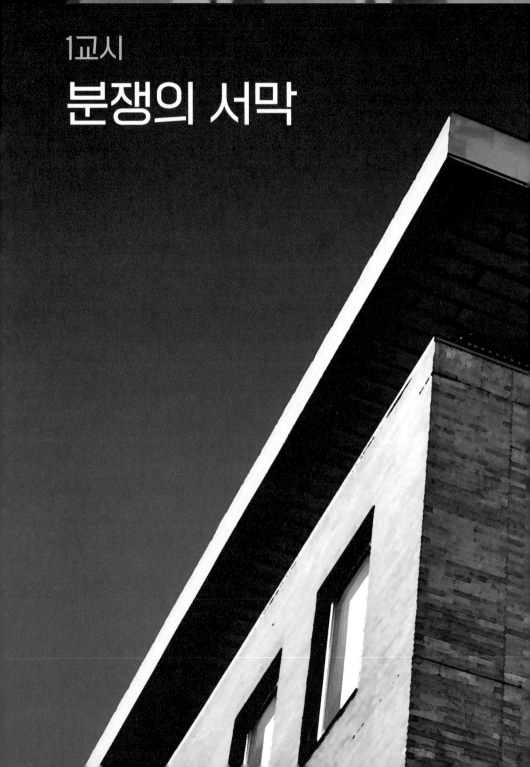

1교시
분쟁의 서막

01 왜 집을 짓는가
02 어떤 집을 짓기로 결정했는가

왜 집을 짓는가

인간이 존재한다는 것은 거주함을 의미한다. 집은 개인 또는 가정의 삶을 보장하는 가장 사적인 공간이다. 한국에서 아파트는 기반시설과 교통망을 기반으로 국내 주거 시장을 지배해왔다.

20~30년 전만 해도 브랜드 인지도로 아파트의 투자 가치를 평가했다. 가족 구성과 라이프 스타일에 따라 다르겠지만, 아파트가 가장 선호되는 주거 형태가 된 이유는 투자 가치가 있는 곳에 사놓기만 하면 가격이 올라 부를 축적할 수 있는 수단이 되었기 때문이다.

아파트는 기본적으로 평면구조와 평수에 따른 방, 욕실 수가 정해져 있다. 기본형에서 마감재의 품질 수준이 어느 정도 정해져 있지만 이제는 소비자의 니즈가 다양해지면서 선택옵션도 차등화하고 있다.

또 실수요자가 전용면적 74·84㎡를 선호하다 보니, 아파트는 발코니 확장이 증가하고 세탁기와 건조기를 동시에 사용할 수 있는 공간이 필요하다. 무엇보다 아파트를 중심으로 자녀를 둔 부모들은 자녀의 명문 대학 진학을 목표로 무리를 해서라도 이사한다.

일명 '학군 프리미엄'이 있는 곳은 흔히 학세권이라 불리며 명문학교와 학원을 포함한 다양한 교육시설들이 형성되어 부의 증식, 자녀교육, 인프라 등이 아파트 선택에 중요한 판단 요소다.

그런데 저층형 아파트는 저소득층의 주거지라는 인식에 경쟁력이 낮고, 고층형 아파트는 높은 밀도감과 재난 등의 문제가 발생할 수 있다. 세대 간 층간소음 갈등 고조로 아이들이 발뒤꿈치를 들고 생활하는 모습도 더 이상 기현상은 아니다.

포스트 코로나19 시대, 주거의 가치는 달라지고 있고 사람들은 집다운 집, 집 이상의 집을 원한다. 개인의 취향에 따라 나를 보호하는 공간, 업무하기 좋은 공간, 지인들을 초대하는 공간 등 최근 트렌드를 반영하는 '스테이홈'이 가능한 곳을 요구하고 있다.

아파트의 대안으로 직접 집을 짓는 사람들이 늘어나고 있다. 그리고 집을 직접 짓는 건축주에게 집의 의미와 가치를 정하는 요소는 더 다양해졌다. 직주근접, 교통, 교육, 자연, 생활편의시설, 환경 등 집이라는 재화에 개인의 욕구를 충족할 수 있는 제품을 구매, 사용, 평가하는 행동을 보이는 시대가 되었다.

이제 주택 수요자들의 눈높이가 높아져 집의 기본 주거 기능 위에 새로운 기능을 더한 주거 트렌드가 급변하는 추세다.

최근 아파트는 건축주가 직접 냉난방과 관련한 각 방의 난방조절기능과 천정형 에어컨 설치, 붙박이장 설치 등 기본옵션 선택할 수 있을 뿐 아니라 구체적으로 아이디어를 제시하고 의사결정한다. 원하는 집을 직접 짓고 다양한 옵션에 따라 자재를 선택해 개인 행복의 가치를 높이 두는 사람들이 늘어나는 시대다. 그럼에도 불구하고 이들은 아파트에 만족하지 못한다. 완전히 나와 나의 가족들을 위한 새로운 공간을 만들 계획을 세운다.

아파트 대신 단독주택이나 상가주택의 매입 단계부터 복잡한 설계, 시공의 모든 과정을 철저히 분석하고 착공에 들어간다. 이런 건축주가 증가하는 이유는 휴양지 같은 주거공간의 편의성, 문화시설, 자연환경, 반려동물과의 생활 등을 중시하기 때문이다.

그동안 머릿속에서 생각한 집을 좋은 건축가에게 설계를 맡기고 시공사에 시공을 의뢰해야 한다. 가장 중요한 것은 건축주의 생각을 현실에서 제대로 실현해낼 수 있는가다.

모든 프로세스를 이해하고 소통할 수 있는 건축가를 어떤 기준으로, 어떻게 선정하느냐에 따라 많은 것이 달라진다. 집의 위치, 방향, 접근성 등 사소하다고 생각한 의사결정 하나에도 결과물은 크게 달라진다. 결국 집의 가치도 달라진다.

재료의 선정부터 가격까지 꼼꼼한 의사결정이 모이면 공사비가 달라지고 주거 만족도도 올라간다. 어떤 재료로 어떻게 짓는지에 따라 라이프 스타일도 달라지므로, 착공 6개월 전부터 내 집을 짓는 공법부터 설계 및 인허가, 토목공사 등의 정보를 모두 차곡차곡 준비해야 한다.

건축주는 어떤 이유로 건축을 시작할까? 일반적으로 다음의 3가지 이유로 건축을 시작한다.

① 나대지를 매입해서 신축하는 경우(기존 건물 멸실의 경우 포함)
② 기존 건물을 리모델링하는 경우(대수선 또는 증축)
③ 기존 건물을 인테리어를 하는 경우

그러나 우리의 기대와는 달리 건물 및 땅의 매입 단계부터 분쟁이 발생한다. 신축이든, 리모델링이든, 인테리어든 우리는 크고 작은 고민에 시달리게 된다. 아무리 작은 집을 짓는다 하더라도 집을 지을 때 누구나 한 번쯤 이런 종류의 걱정을 한다.

'비 오는 날 누수는 없을까?', '단열 부족으로 춥지 않을까?', '겨울철 결로 현상으로 인한 곰팡이 현상은 걱정 안 해도 될까?', '외부마감재는 무엇이 좋을까?', '지붕의 모양은 어떻게 할까?', '좋은 바닥재는 어떤 것일까?' 등을 지속적으로 걱정만 한다.

집을 짓고 나서도 초보 건축주들은 '아차' 싶은 마음에 '난 왜 바보같이 사서 고생할까? 이럴 줄 알았으면 아파트로 갈걸' 하며 후회를 하기가 일쑤인데 때는 이미 늦었다.

집은 구입하거나 팔 때 가계예산에서 차지하는 비중이 매우 높다 보니 기대도 크다. 하물며 집을 지을 때는 건축의 전 과정에서 단계별로 최소 수십 번의 의사결정이 필요하므로 그 과정에서 꼼꼼하고 신중한 자세가 요구된다.

대지 매입부터 설계, 시공, 관리 등 어느 것 하나 쉬운 일이 없다.

건축주는 설계 단계부터 주어진 대지조건과 요구조건에 맞추어 충분히 고민한 후 건물의 공간을 기능적으로 설계하고 이를 기술적으로 구현해 낼 수 있는 시공업체를 찾아야 한다.

인생에서 가장 행복한 일이 집을 짓는 과정이어야 한다. 건축주나 건축가에게 집을 짓는 기간 동안 집 짓는 행위 자체는 많은 소통을 필요로 한다. 이제 집을 짓는 과정을 통해 하나씩 단계에 맞게 계획을 세워 실행해보자.

어떤 집을 짓기로
결정했는가

건축법상 건축의 종류와 절차를 살펴보면 건축은 크게 신축, 리모델링, 인테리어 등 3가지로 분류해 설명할 수 있다.

1. 건축의 분류

건축(건축법 제2조 제1항 제8호)은 건축물을 신축·증축·개축·재축 또는 이전하는 것을 말한다.

① **신축** : 건축물이 없는 대지에 새로 건축물을 축조하는 것을 말한다.
② **증축** : 기존 건축물이 있는 대지에서 건축물의 건축면적, 연면적, 층수 또는 높이를 늘리는 것을 말한다.

③ **개축** : 기존 건축의 전부 또는 일부(내력벽·기둥·보·지붕틀 중 셋 이상이 포함된 경우)를 철거하고 그 대지에 종전과 같은 규모의 법위에서 건축물을 다시 축조하는 것을 말한다(층수·동수·구조변경은 가능하고, 높이 증가는 불가하다).

④ **재축** : 건축물이 천재지변이나 그 밖의 재해로 멸실된 경우 종전과 같은 규모의 범위에서 다시 축조하는 것을 말한다(구조변경은 가능하다).

⑤ **이전** : 건축물의 주요 구조부를 해체하지 않고, 같은 대지의 다른 위치로 옮기는 것을 말한다.

2. 리모델링

리모델링(대수선)은 건축물의 노후화 억제 또는 기능향상 등을 위해 대수선 또는 일부 증축하는 행위를 말한다.

리모델링 특혜

리모델링은 기존 건축물이 현행 기준에 부적합하더라도 노후화를 억제하고 기능개선을 촉진하기 위해 건폐율, 높이 제한 등의 건축 기준 일부를 완화하는 특혜를 주고 있다. 즉, 모든 건축물을 대상으로 하는 것이 아니라 15년 이상 된 건축물만 기준을 완화한다.

대수선

　건축물의 기둥, 보, 내력벽, 주 계단 등의 구조나 외부 형태를 수선 변경하거나 증설하는 것으로 대통령령이 정하는 것을 말한다.

건축물의 구조

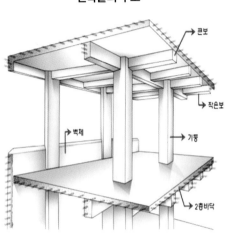

큰보

작은보

벽체

기둥

2층바닥

출처 : 저자 작성

대수선 신고

　신고는 연면적이 200㎡ 미만이고 3층 미만인 건축물만 해당하며, 그 외의 경우는 허가 대상이다(건축법 제14조 제1항 제3호).

3. 인테리어

인테리어(실내건축 또는 수선)는 건축물의 실내를 안전하고 쾌적하며 효율적으로 사용하기 위해 내부공간을 칸막이로 구획하거나 벽지, 천장재, 바닥재, 유리 등 내통령령으로 정하는 재료 또는 장식물을 설치하는 것을 말한다.

인테리어 신고

실내건축은 우리가 흔히 아는 인테리어(수선)이다. 실제 현장에서는 구조변경이나 신고 또는 허가 없이 내부 마감재만 교체하는 공사를 인테리어라고 말한다. 즉, 수선은 구조변경을 포함하지 않은 공사이기 때문에 허가나 신고 없이 공사를 진행할 수 있다.

하지만 소방 관련 공정은 별도 신고해야 할 수도 있다.

출처 : 저자 작성

4. 건축의 절차

프로세스	① 부동산 매입 2단계		② 건축 설계 3단계		
세부과정	토지 건물 매입	건축 기획	기획설계	인허가설계	기타 설계도서
전문가	공인중개사 감정평가사	PM 건축사 디벨로퍼	건축사 디자이너 PM	건축사 기술사	건축사 디자이너 현장소장
업무	부동산 중개 부동산 금융	사업계획서 수지분석	건축 콘셉트 건축 규모 건축 디자인	인허가도서	상세설계도서
상세내용	매매계약 부동산 대출 (저당권 설정)	긴축 용도 건축 규모 시장 조사 수지분석 자금계획	배치도 평면도 입면도 투시도	건축도면 구조도면 전기도면 통신도면 기계도면 토목도면	상세설계 시방서 건축자재 선정 가견적
자금 지출	토지 매입비 취득세 중개수수료	컨설팅비 기타 경비	건축설계비 측량경비	건축설계비 토목설계비	건축설계비

분쟁 없는 건축을 위한 건축주 학교

프로세스	③ 건축 시공 2단계		④ 준공 및 사용승인	
세부과정	비교견적 시공사 선정	건축 시공 건축 감리	준공 검사	사용승인
전문가	시공업체 적산업체	현장소장 건축사	건축사 현장소장	건축사 공무원
업무	견적산출	시공계약서 감리계약서 공사공정표	건물 확인 준공서류	사용승인 등기
상세내용	비교견적 업체 선정	기존 건물 멸실 착공 신고 건축 시공 건축 감리	준공 검사 지적사항 보완	사용승인 신청 건축물대장 등기 하자보수
자금 지출	적산비용	공사비 지출 은행기성 지출	추가공사비	취득세 시공비 잔금

출처 : 저자 작성

건축 공사를 하기 위해서는 절차들이 필요하다.

하지만 비용 절감을 이유로 이 절차들을 대부분 건너뛰고 바로 공사를 진행하니 문제가 된다. 이제 건축의 절차를 어떻게 밟아나가야 하는지 구체적으로 살펴보자.

① 신축

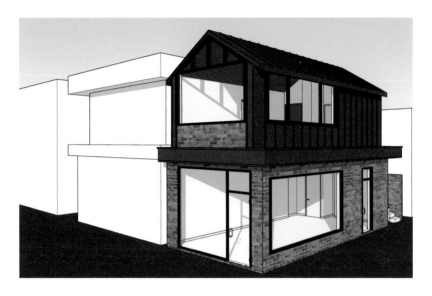

토지 매입 ▶ 건축 기획 ▶ 경계측량 ▶ 기획설계 ▶ 인허가설계 ▶ 기타 설계 도서 ▶ 비교견적 ▶ 시공사 선정 ▶ 착공 신고 ▶ 토목공사 ▶ 건축 공사 ▶ 건축 감리 ▶ 준공 검사 ▶ 사용승인 ▶ 입주

대형 건축물은 디벨로퍼가 먼저 건축 기획을 한 다음 적합한 토지를 찾지만 단독주택이나 상가주택 같은 소규모 건물은 토지 매입부터 먼저 이루어진 다음 건축 기획을 하는 경우가 많다.

소규모 건축이라도 기본적인 건축 기획을 먼저 하고 토지를 찾는 것이 더 현명한 방법이다. 그러나 이 책의 독자는 대부분 소규모 주택 개발을 준비할 것이므로 토지 매입이 이루어지고 난 후 건축 프로세스를 진행하는 경우를 설명하고자 한다.

먼저, 건축 용도와 규모를 정해야 한다. 단독주택이 아닌 상가주택의 경우는 주변 부동산 중개사무소 등을 통해 자료를 수집해 임대 시세를 조사하고 수지분석까지 해야 한다. 수지분석은 2교시에 설명하겠다.

수지분석을 통해 이윤이 남지 않는다면 건축 용도와 규모를 수정해야 한다. 최종 건축 용도와 규모가 정해지면 자금계획을 세워야 한다.

온전히 자기자본으로 건물을 짓는 경우는 드물다.

건축 기획 단계에서 대지와 관련된 자료를 조사하고 분석한 후에는 믿을 만한 설계업체를 정해 설계를 맡겨야 한다. 건축 설계는 건축 기획에서 결정된 개념들을 도면화하는 단계다.

일반적으로 캐드 프로그램을 이용해 배치도, 평면도 등의 그림을 그린다. 건축물에 필요한 주요 재료를 선정하고 협력업체와 협의를 통해 예상 공사비 등을 산출한다. 기획설계는 건축사뿐만 아니라 건축디자이너, PM(Project Management), 디벨로퍼 등의 전문가도 할 수 있다. 기획설계에서 결정된 정보를 바탕으로 본설계(인허가설계)에 들어간다. 이 단계에서는 건축도면뿐만 아니라 구조도면, 설비도면 등을 건축사, 기술사들이 함께 진행한다.

상세설계 단계에서는 건축물의 모든 요소를 결정하고 상세시공도면과 자재샘플집 등 기타 도서들을 완성한다. 이 과정을 거쳐 설계도서가 최종 완성되면 승인받기 위해 도면 및 기타 승인서류를 관할 관청에 제출하고 공사를 진행할 시공사를 찾아 나선다.

건축주는 건축물의 용도나 규모를 잘 알고 충분히 경험한 건축가와 시공업체를 잘 만나야 한다.

설계를 '어떤 곳에 맡겨야 할지'는 쉽게 결정하기 어렵다. 설계업체 선정 시 건축가가 내가 짓고자 하는 건물의 용도 및 규모가 유사한 건축물을 얼마나 많이 설계하고 지었는지를 보고 판단해야 한다. 이 부분은 3교시에 자세히 설명하겠다.

② 리모델링

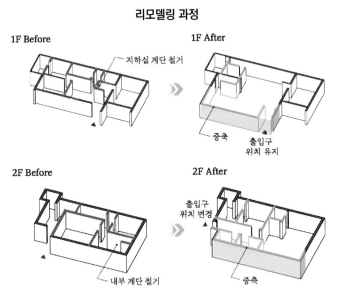

출처 : 장진영 디자이너 그림

리모델링은 건축물의 노후화를 억제하고 기능을 향상시키기 위한 공사다. 리모델링의 절차는 신축의 절차와 거의 비슷하다. 앞에서 신축 과정에 대해 설명했으므로 여기서는 차이점만 살펴본다.

건물 매입 ▶ 건축 기획 ▶ (경계측량) ▶ 기획설계 ▶ 인허가설계 ▶ 기타 설계도서 ▶ 비교견적 ▶ 시공사 선정 ▶ 착공 신고 ▶ 건축 공사 ▶ (건축 감리) ▶ 준공 검사 ▶ 사용승인 ▶ 입주

리모델링 공사는 건물 매입 후 건축 기획 과정에서 건물의 용도와 규모에 대해 결정하는 것이 가장 중요하다. 예를 들어 단독주택을 상가주택으로 용도변경하는 경우 규모의 적절성을 고려해 부족한 공간을 증축할 수 있다.

리모델링은 현재 건물의 법적 조건을 검토해 용도변경을 하거나 증축 가능 여부를 확인해야 한다. 다음으로 건물의 노후도나 안정성을 확인한 다음 수지분석과 자금계획을 세워 설계에 들어가야 한다. 아울러 용도변경이나 증축 가능 여부에 따라 주차장 대수가 결정되므로 '부설주차장의 설치대상시설물 종류 및 설치기준'에 맞게 주차대수 산정을 해야 한다.

기획설계 단계에서는 현장실측을 가장 먼저 한다. 그리고 건축물 현황도면과 현장실측도를 비교 검토한다. 70~80년대에 지어진 노후주택은 대부분 건축물 현황도면이 없어 건축물대장에 나와 있는 건축면적과 실측한 실제 면적을 보고 비교한다. 기획설계 단계에서 대수선, 증축 및 용도변경에 따른 인허가가 필요한 공사인지, 인허가 없이 가능한 공사인지가 결정된다.

만약 인허가를 받아야 하는 공사라면 신축과 동일한 건축 과정을 거치게 된다. 인허가 여부 판단은 대수선의 경우 철거면적에 따라 결정

되고 증축이나 용도변경의 경우는 인허가 절차가 필수다. 그러나 건축물 현황도면이 없는 1층 건물은 대수선을 판단하는 기준이 모호한 경우가 많다. 이때는 건축주와 설계사가 함께 논의해서 결정해야 한다.

신축이나 인테리어와 달리 리모델링은 이 분야의 전문가가 많지 않다 보니 대부분 시공업체에 설계와 시공을 함께 맡긴다. 추가공사로 인한 비용이 발생해 갈등이 생기는 것도 이 때문이다. 기존 건물의 골조를 유지한 상태에서 공사를 진행하다 보니 경험이 부족한 건축업체의 경우, 미처 예상하지 못한 부분에서 뒤늦게 추가공사비용을 요구하게 된다.

리모델링은 많은 경험과 노하우가 필요하다. 그러나 그만큼 중요한 것은 시방서, 건축자재선정집, 견적서를 꼼꼼히 작성하는 것이다. 특히 단열 및 방수 자재와 시공법에 따른 공사비 산출을 잘해야 한다. 또 추가공사에 대한 분쟁은 대부분 외부 벽체와 마당 공사에서 발생하는 만큼 외부투시도를 통해 서로 충분히 논의해야 한다.

보통 신축 비용이 부담된다는 이유로 리모델링을 많이 하지만, 신축보다 리모델링이 비용 및 노하우가 더 요구되는 경우가 많다. 리모델링은 전문가를 잘 만나야 한다. 그렇다면 어떻게 해야 잘 만날 수 있을까? 이 내용은 3교시에서 자세히 설명하겠다.

분명 신축보다 리모델링이 더 어려운 작업이지만 당장의 가성비를 생각한다면 리모델링도 하나의 좋은 선택지가 될 수 있다.

③ 인테리어

건물 매입/임대 ▶ 기획설계 ▶ 기타 설계도서 ▶ 비교견적 ▶ 시공사 선정 ▶ 인테리어 시공

인테리어 절차는 비교적 간소한 편이지만 반드시 설계과정을 거치는 것이 좋다. 건물 매입 후 바로 기획설계에 들어가면 된다.

보통 평면도, 내부입면도, 전기조명도를 설계한 후 건축자재선정집을 작성한다.

이후 설계도서가 확정되면 몇 개의 인테리어 업체에 견적을 의뢰해 비교검토 후 시공업체를 선정한다.

인테리어는 설계와 시공이 분리된 경우보다는 동시에 하는 경우가 많다.

아파트 인테리어는 설계도면 없이 건축자재만 선정해서 바로 시공하는 경우도 많지만 이제는 그것도 소형 평수인 경우에나 가능한 이야기가 되었다.

최근에는 건축주의 인테리어에 관한 지식과 눈높이가 상당히 높아졌다. 그리고 최근 자재비와 인건비 상승 등으로 실내 인테리어 공사 비용도 만만치 않다.

이처럼 집을 짓는 과정은 여러 단계를 거쳐서 진행된다. 건축은 다른 제품과는 달리 반제품(건축재료)을 현장에서 시공해서 완제품(준공)으로 만드는 작업이다. 자동차처럼 바로 완제품을 구매할 수 없기에 많은 소통이 필요하다. 소통의 과정이 불편하다면 새 아파트 매입을 추천한다.

앞에서 수지분석을 이야기했다. 수지분석은 꼭 상가주택에만 해당하는 것은 아니다. 주거공간을 지을 때도 필요한 과정이다.

먼저 현재 가용할 수 있는 자금을 확인하고 토지 매입비, 설계비, 건축비, 세금, 기타 여유비의 예산을 설정해 가족 모두가 원하는 공간의 크기와 용도 등에 대해 충분히 반영할 수 있어야 한다.

이때 신축의 여유자금이 확보되지 않는다면 리모델링을 대안으로 선택할 수 있다. 혹시 리모델링도 어렵다면 인테리어로 공사범위를 축소해야 한다.

건물 매입 과정에서 리모델링이나 인테리어를 진행하기로 하고 주택을 구입한다면 매입 시 더욱 신중한 판단이 요구된다. 현재 건물의 상태를 어떻게 진단하느냐에 따라 공사비용도 많은 차이를 가져오기 때문이다. 특히 구조변경이 없는 인테리어 공사는 건물의 규모뿐만 아니라 공간배치에서도 가족 구성원의 니즈를 충족할 수 있는지 체크해야 한다.

흔히 건축주가 '평당 공사비가 얼마나 드는지?'를 물으면, 건축가는 '아직 설계도 안 했는데 어떻게 아느냐'며 질색을 한다. 하지만 처음 집을 짓는 건축주 입장에서는 건축비가 어느 정도인지 알아야 땅 매입금액과 건축 규모를 가늠해 전체적인 자금계획을 세울 수 있다. 물론 여기에 대해서는 건축가들도 할 말이 많다.

건축도면 작성이 디테일하게 결정되지 않은 상태에서 건축주가 단순히 평당 공사금액을 적게 부르는 업체를 선호하는 현상은 부적절하다는 이야기다.

만약 건축주가 예산계획 과정에서 디테일한 도면이 빠진 채 평면도, 입면도 몇 장만으로 공사금액을 예상해야 하는 상황이라면, 최초 공사 견적은 상당히 낮은 금액의 견적을 받을 수 있다는 점을 전제로 다음 표를 이해해야 한다.

소규모 주택 평당 평균 건축비	
신축	평균 700 ~ 900만 원
리모델링	평균 350 ~ 450만 원
인테리어	평균 150 ~ 250만 원

위의 금액을 기준으로 업체를 선정해서는 안 된다. 건축비는 설계과정이나 지역에 따라 많은 차이가 날 수 있다. 설계도면이 최종 완성되기 전까지 대략 전체 예산을 세우기 위한 정보로만 활용하자.

2교시

부동산 매입 단계

집 지을 수 있는 땅은
따로 있다

당연한 이야기지만 대지 매입 단계에서 가장 중요한 것은 대지 조건을 먼저 분석하는 것이다. 건축주는 집을 짓기 전에 매입할 땅에 대한 정보를 충분히 수집하고 확인해야 한다.

중개사무소에서 공인중개사가 보여주는 물건은 대부분 거래성사를 목적으로 소개하다 보니 매입자의 요구조건에 적합한 대지만을 추천한다. 그래서 집을 짓기에는 적합하지 않은 땅을 추천받기도 한다.

실제로 공인중개사 말만 믿고 매립지를 계약한 후 땅 침하가 일어나는 경우도 있다. 이런 경우 건축공사비보다 토목공사비가 더 많이 든다.

이미 땅을 매입한 후에 '건물을 못 짓는다', '건물의 용도변경 허가가 나지 않는다' 등의 이유로 공인중개사와 분쟁해봐야 소용이 없다.

대지 매입 시 땅이 가진 내력과 정보를 충분히 수집하고, 계약서 하단에는 다음과 같은 문구를 반드시 넣어야 한다.

입지조사

"이 대지는 주택을 짓기 위해 구입하는 대지이므로 주택 인허가가 나지 않거나 '을'(땅 주인)의 사유로 집을 짓지 못하는 사유가 발생하는 경우 모든 계약을 무효로 한다"는 특약사항을 명시해야 한다.

땅에 대한 정보 등 주요사항은 계약서에 반드시 추가하고 만약 사실과 다를 경우 언제든지 계약을 해제할 수 있다는 계약해제 조건에 대한 내용을 기재해야 한다. 처음부터 내 마음에 꼭 드는 땅을 발견할 확률은 그리 높지 않다. 현장실사 전에 온라인으로 위성사진과 로드뷰 등을 통해 충분히 사전정보를 확인할 수 있지만 반드시 현장에서 다시 한 번 꼼꼼히 확인하자.

건축설계사무소나 해당 구·군청 건축 담당자에게 대지정보를 좀 더 정확하게 물어볼 수 있으니 이 점도 놓치지 말아야 한다. 2교시는 대지매입 전 분쟁 없는 계약을 체결하기 위해 반드시 알아야 할 건축법을 소개하려고 한다.

1. 사전조사

(1) 토지 현황

토지이음(www.eum.go.kr) 사이트에 들어가면 토지에 대한 다양한 정보를 얻을 수 있다.

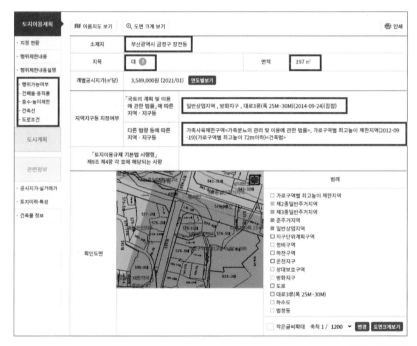

출처 : 토지이음

- 지목 : 대
- 면적 : 197㎡
- '국토의 계획 및 이용에 관한 법률'에 따른 지역·지구 등 : 일반상업 지역,

땅에 건물을 지을 때 기본적으로 필요한 정보는 토지이음에서 볼 수 있다. 집을 짓고자 하는 대지의 주소(예시 : 부산광역시 금정구 장전동 OOO-OO)만 입력하면, 지목부터 면적, 지역, 지구 등의 다양한 정보를 확인할 수 있다.

지목

지적공부에 등록되는 필지(筆地)는 하나의 지번과 함께 경계를 가진 토지의 기본 단위다. 토지는 필지로 등록되어야 지목이 부여되고 토지의 주된 용도에 맞게 개발할 수 있다.

지목(地目)은 토지의 주된 용도에 따라 종류를 구분해 지적공부에 등록한 것이다. 지목에 따라 해당 필지에 건축 등 개발 가능 여부와 어떤 건물을 지을 수 있는지가 결정된다.

전/답/과수원/목장용지/임야/광천지/염전/대/공장용지/학교용지/주차장/주유소용지/창고용지/도로/철도용지/제방/하천/구거/유지/양어장/수도용지/공원/체육용지/유원지/종교용지/사적지/묘지/잡종지

지목은 토지를 사용 용도에 따라 구분한 법률상의 용어로 총 28개로 분류한 것이다. 지목 중 '대'는 집을 지을 수 있는 1필지의 토지를 말한다.

지목이 논이나 밭인 경우 자기 땅이라고 해도 바로 건물을 지을 수 없다. 대지, 공장용지, 주유소용지 등 목적에 맞게 지목을 바꿔야 한다. 주택을 짓기 위해서는 '대'로 지목변경은 필수다.

지목이 대지가 아닌 '전'이나 '답'과 같은 지목으로 설정된 경우에는 농지·산지 전용이라는 개발행위 절차를 거쳐야 한다. 전용허가를 받게 되면 토목설계비, 토목공사비, 농지보전부담금(농지법) 등이 발생할 수 있다. 지목이 임야인 경우에는 대체산림자원조성비(산지관리법)를 납부해야 한다.

땅을 매입하기 전에 해당 구·군청이나 토목설계사무소, 건축설계사무소를 찾아가 토지의 지목변경에 대한 정보를 확인해야 한다. 그리고 동시에 토지이음을 확인해서 토지의 기본 정보와 규제사항을 스스로 찾아보고 공부하는 것이 좋겠다.

지역·지구

현재 우리나라는 '국토의 계획 및 이용에 관한 법률'에 따라 전 국토를 체계적으로 관리하기 위해 4개의 지역과 9개의 지구, 그리고 5개의 구역으로 구분·관리하고 있다.

도시지역, 관리지역, 농림지역, 자연환경보전지역으로 사 등분 하는 용도지역제와 그 용도지역 위에 입지별 특성에 따라 미관지구, 경관지구, 보존지구, 고도지구 등으로 덮어씌우는 용도지구제가 있다.

이 밖에도 흔히 토지 이용의 종합적 조정 및 관리를 위해 용도구역 으로 토지 이용을 또 한 번 제한한다. 일정 기간 시가화를 유보할 필요 가 있다고 인정되는 지역에 대해 신도시 개발계획 전 해당 토지 개발 및 건축을 제한 규제하는 것이다.

지역·지구는 국가에서 토지의 이용 및 건축물의 용도, 건폐율, 용적 률, 높이 등을 제한해서 땅의 용도를 규정하고 있다.

구분	용도지역	용도지구	용도구역
성격	토지를 경제적, 효율적 으로 이용하고 공공복 리의 증진을 도모	용도지역의 기능을 증 진시키고 미관, 경관, 안전 등을 도모	시가지의 무질서한 확 산방지. 계획적이고 단 계적인 토지 이용의 도 모, 토지이용의 종합적 조정, 관리(토지 이용 제한)
종류	• 도시지역(주거, 상업, 공 업, 녹지지역) • 관리지역(보전관리, 생산 관리, 계획관리지역) • 농림지역 • 자연환경보전지역	• 경관지구 • 고도지구 • 방화지구 • 방재지구 • 보호지구 • 취락지구 • 개발진흥지구 • 특정용도제한지구 • 복합용도지구 • 기타 지구	• 개발제한구역 • 도시자연공원구역 • 시가화조정구역 • 수산자원보호구역 • 입지규제최소구역
비고	중복지정 불가	중복지정 가능	

출처 : '국토의 계획 및 이용에 관한 법률' 제2조

분쟁 없는 건축을 위한 건축주 학교

용도지역 중에서 국민 대다수가 사는 도시지역의 주거, 상업, 공업, 녹지지역을 다시 세분화하면 다음과 같다.

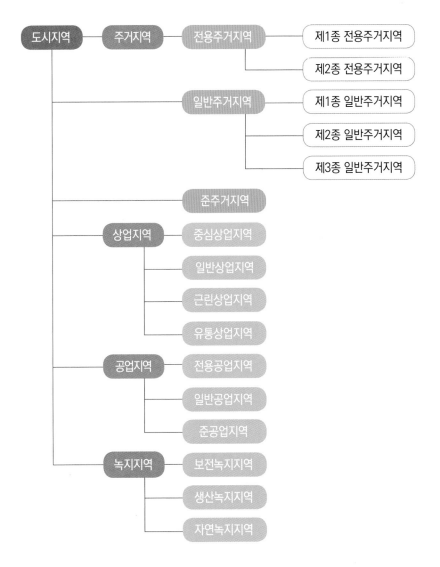

출처 : '국토의 계획 및 이용에 관한 법률' 제6조

앞에서 예시로 든 땅은 일반상업지역이다. 좀 더 구체적인 내용을 살펴보려면 토지이음에서 스크롤을 더 내려 지역·지구 등 안에서의 행위 제한 내용을 살펴볼 수 있다.

지역·지구 등 안에서의 행위 제한 내용

일반상업지역
국토의 계획 및 이용에 관한 법률 제56조(개발행위의 허가)
국토의 계획 및 이용에 관한 법률 제78조(용도지역에서의 용적률)
국토의 계획 및 이용에 관한 법률 제83조(도시지역에서의 다른 법률의 적용 배제)
국토의 계획 및 이용에 관한 법률 제84조(둘 이상의 용도지역·용도지구·용도구역에 걸치는 대지에 대한 적용 기준)
국토의 계획 및 이용에 관한 법률 시행령 제51조(개발행위허가의 대상)
국토의 계획 및 이용에 관한 법률 시행령 제71조(용도지역 안에서의 건축 제한)
국토의 계획 및 이용에 관한 법률 시행령 제83조(용도지역·용도지구 및 용도구역 안에서의 건축 제한의 예외 등)
국토의 계획 및 이용에 관한 법률 시행령 제84조(용도지역 안에서의 건폐율)
국토의 계획 및 이용에 관한 법률 시행령 제93조(기존의 건축물에 대한 특례)
국토의 계획 및 이용에 관한 법률 시행령 제94조(둘 이상의 용도지역·용도지구·용도구역에 걸치는 토지에 대한 적용 기준)
국토의 계획 및 이용에 관한 법률 시행령 별표 9(일반상업지역 안에서 건축할 수 없는 건축물)
부산광역시 도시계획 조례 제19조
부산광역시 도시계획 조례 제30조(용도지역 안에서의 건축 제한)
부산광역시 도시계획 조례 별표 8(일반상업지역 안에서 건축할 수 없는 건축물)

방화지구
국토의 계획 및 이용에 관한 법률 제84조(둘 이상의 용도지역·용도지구·용도구역에 걸치는 대지에 대한 적용 기준)
국토의 계획 및 이용에 관한 법률 시행령 제82조(그 밖의 용도지구 안에서의 건축 제한)

가축사육제한구역
가축분뇨의 관리 및 이용에 관한 법률 제8조(가축사육의 제한 등)
가축분뇨의 관리 및 이용에 관한 법률 제11조(배출시설의 설치)
가축분뇨의 관리 및 이용에 관한 법률 시행령 제6조(허가대상 배출시설)
가축분뇨의 관리 및 이용에 관한 법률 시행령 제8조(신고대상 배출시설)
가축분뇨의 관리 및 이용에 관한 법률 시행령 별표 1
가축분뇨의 관리 및 이용에 관한 법률 시행령 별표 2
가축분뇨의 관리 및 이용에 관한 법률 시행규칙 제5조(배출시설의 변경허가)

가로구역별 최고높이 제한지역
건축법 시행령 제82조(건축물의 높이 제한)

출처 : 토지이음

　　　　　　　　　　　분쟁 없는 건축을 위한 건축주 학교

매입할 땅이 어느 지역·지구에 해당하는지 확인하고 자세한 내용을 더 알고 싶다면 하나하나 클릭해서 보면 된다. 특히 지방조례를 중심으로 살펴봐야 한다.

법을 구체화한 것이 시행령이고 시행령을 지역의 여건에 따라 구체화한 것이 조례이기 때문에 지역별 조례를 상세히 살펴봐야 한다. 이렇듯 '국토의 계획 및 이용에 관한 법률'에 따른 지역·지구는 건축물을 짓는 건축주에게 건축에 필요한 제한사항을 명시한 것이다.

가장 중요한 것은 좋은 땅을 보는 안목이다. 땅을 매입하기 전에 모든 제한사항을 다 알 필요는 없지만, 토지 매입 후에 최대한 문제가 발생하지 않도록 신중히 확인해야 한다.

(2) 행위 제한

토지이음 화면 왼쪽을 보면 행위 제한에 대한 내용이 나온다.

행위제한 내용 설명에는 행위가능 여부, 건폐율·용적률, 층수·높이 제한, 건축선, 도로조건이 있다.

행위가능 여부

해당 땅에 어떤 용도의 건물을 짓거나 건물을 용도변경할 수 있는지에 대한 행위가능 여부를 명시해놓았다. 동그라미(○)는 가능, 세모(△)는 확인 필요, 엑스(×)는 불가라고 쉽게 표시되어 있어, 건물 용도의 분류만 알아도 행위가능 여부를 쉽게 판단할 수 있다.

행위가능 여부

시설물 또는 토지이용행위 검색   해당 토지에 건축을 하거나 이용하고자 하는 토지이용행위를 입력해 주세요.

예) 단독주택, 아파트	검색	취소	자주 찾는 시설물

건축법 별표에 따른 시설물		가능 여부 보기	해당 필지에 지정된 「국토의 계획 및 이용에 관한 법률」에 따른 지역·지구
대분류	시설물		일반상업지역
- 단독주택			
	단독주택	🔍	○
	다중주택	🔍	○
	다가구주택	🔍	○
	공관	🔍	○
- 공동주택			
	아파트	🔍	△
	연립주택	🔍	△
	다세대주택	🔍	△
	기숙사	🔍	△
- 제1종 근린생활시설			
	일용품을 판매하는 소매점	🔍	○
	휴게음식점	🔍	○
	제과점	🔍	○
	이용원	🔍	○

출처 : 토지이음

위의 표는 앞서 예시로 든 일반상업지역의 행위가능 여부다. 스크롤을 내리면 더 자세한 내용을 확인할 수 있다. 직접 주소를 입력해서 확인해보자.

건물 용도의 분류

용도시설군	세부용도
1. 자동차 관련 시설군	자동차 관련 시설
2. 산업 등 시설군	㈎ 운수시설, ㈏ 창고시설, ㈐ 공장, ㈑ 위험물저장 및 처리시설, ㈒ 자원순환 관련 시설, ㈓ 묘지 관련 시설, ㈔ 장례식장
3. 전기통신시설군	㈎ 방송통신시설, ㈏ 발전시설
4. 문화집회시설군	㈎ 문화 및 집회시설, ㈏ 종교시설, ㈐ 위락시설, ㈑ 관광휴게시설
5. 영업시설군	㈎ 판매시설, ㈏ 운동시설, ㈐ 숙박시설 ㈑ 제2종 근린생활시설 중 다중생활 시설
6. 교육 및 복지시설군	㈎ 의료시설, ㈏ 교육연구시설, ㈐ 노유자시설 ㈑ 수련시설, ㈒ 야영장 시설
7. 근린생활시설군	㈎ 제1종 근린생활시설 ㈏ 제2종 근린생활시설(다중생활시설 제외)
8. 주거업무시설군	㈎ 단독주택, ㈏ 공동주택, ㈐ 업무시설 ㈑ 교정 및 군사시설
9. 그 밖의 시설군	㈎ 동물 및 식물 관련 시설

출처 : '건축법' 제2조 제2항

건축물 용도의 종류는 크게 30개로 분류하고 있다. 건축물 용도는 건축물의 종류를 유사한 구조와 이용목적, 형태별로 묶어 분류한 것이다. 위의 표에서 오른쪽 30개의 세부 용도를 유사한 용도끼리 9개 군으로 나누었다.

각각의 용도지역마다 건축이 가능한 건축물의 종류가 다르기 때문에 내가 매입한 땅의 용도지역에 따른 행위제한 내용을 잘 확인해야 한다. 예를 들면 15층 이상의 아파트(공동주택)의 경우 용도지역이 상업지역인 곳에서는 가능하지만, 1종 일반주거지역에서는 건축이 불가능하다.

단독주택과 공동주택의 분류

구분	단독주택			공동주택		
	단독주택	다중주택	다가구주택	다세대주택	연립주택	아파트
층수	제한 없음.	3층 이하	주택전용 3층 이하	주택전용 4층 이하	주택전용 4층 이하	주택전용 5층 이상
세대수	1세대		19세대 이하	2세대 이상	2세대 이상	2세대 이상
연면적	330㎡ 이하 (100평)	660㎡ 이하 (200평)	660㎡ 이하 (200평)	660㎡ 이하	660㎡ 초과	제한 없음.
분양	분양 불가(가구별 임대)			분양 가능(세대별 등기 가능)		
하자보수	하자보수 규정 없음.			하자보수 규정 적용		

출처 : '건축법' 시행령 별표 1

특히 주거를 목적으로 집을 지을 계획이라면 단독주택과 공동주택의 분류를 잘 확인해야 한다. 주택 구분의 가장 큰 기준은 '분양이 가능한지' 여부다. 분양 및 구분등기가 가능한지에 따라 공동주택과 단독주택으로 나뉜다.

건축법상 다가구주택은 단독주택에 해당하고 다세대주택은 공동주택에 해당된다. 또한 다세대주택은 세대별로 분양할 수 있지만, 다가구주택은 소유자가 1인이어야 하므로 임대 및 전세만 가능하다. 다세대주택은 개별분양이 가능한 공동주택 중에서도 1개 동 바닥면적의 합(연면적)이 660㎡ 이하인 4층 이하 주택을 가리킨다. 층수는 같지만 1개 동 연면적이 660㎡를 초과하면 '연립주택'으로 구분된다.

그리고 단독주택과 공동주택의 부설주차장 설치기준이 다르므로 좁은 대지에 건물을 짓는 건축주는 주차대수 산정에 더 꼼꼼히 신경 써야 한다. 건축물의 용도와 규모에 맞게 최소한의 주차공간을 확보해야 한다. 이는 지방자치단체별로 다르다. '부설주차장 설치기준'은 뒤에서 자세히 살펴보겠다.

법에서 정하고 있는 주차공간의 확보 기준은 '법정 주차대수'라고 한다. 법정 주차대수는 건축물 용도와 규모에 따라 지방자치단체별로 다르다.

건설업자나 디벨로퍼가 아닌 이상 일반인이 보통 가장 많이 짓는 건물의 형태는 단독주택 또는 상가주택이다. 여기서는 주거생활에 기본적으로 필요한 각종 생활용품과 주거 관련 서비스를 제공하는 용도로 사용되는 건축물인 근린생활시설에 대한 내용을 조금 더 살펴보자. 근린생활시설에 대해 알면 실제 건물의 용도를 파악하는 데 많은 도움이 될 것이다.

(3) 근린생활시설

1종 근린생활시설

01
식품, 잡화, 의류, 완구, 서적, 건축자재, 의약품, 의류기기 등 일용품을 판매하는 소매점
➡ 바닥면적 합계 1,000㎡ 미만인 것

02
휴게음식점, 제과점 등 음료, 차, 음식, 빵, 떡, 과자 등을 조리하거나 제조해서 판매하는 시설
➡ - 바닥면적 합계 300㎡ 미만인 것
- 제2종 근린생활시설 중 제조업소 등으로 500㎡ 미만인 것과 공장 제외

03
이용원, 미용원, 목욕장, 세탁소 등 사람의 위생관리나 의류 등을 세탁, 수선하는 시설
➡ 세탁소의 경우 공장에 부설된 것과 '대기환경보전법' 등에 따른 배출시설의 설치 허가, 신고 대상인 것 제외

04
의원, 치과의원, 한의원, 침술원, 접골원, 조산원, 안마원, 산후조리원, 등 주민의 진료, 치료 등을 위한 시설
➡ -

05
탁구장, 체육도장
➡ 바닥면적 합계 500㎡ 미만인 것

06
지역자치센터, 파출소, 지구대, 소방서, 우체국, 방송국, 보건소, 공공도서관, 건강보험공단 사무소 등 공공업무시설
➡ 바닥면적 합계 1,000㎡ 미만인 것

07	
마을회관, 마을공동작업소, 마을공동구판장, 공중화장실, 대피소, 지역아동센터 등 주민이 공동으로 이용하는 시설	➡ 지역아동센터의 경우 단독주택과 공동주택에 해당하는 것 제외

08	
변전소, 도시가스배관시설, 통신용시설, 정수장, 양수장 등 주민의 생활에 필요한 에너지공급, 통신 서비스 제공이나 급수, 배수와 관련된 시설	➡ 통신용시설의 경우 바닥면적 합계 1,000㎡ 미만인 것

2종 근린생활시설

01	
공연장(극장, 영화관, 연예장, 음악당, 서커스장, 비디오물 감상실, 비디오물 소극장, 그 밖에 이와 비슷한 것)	➡ 바닥면적 합계 500㎡ 미만인 것

02	
종교집회장(교회, 성당, 사찰, 기도원, 수녀원, 제실, 사당 그 밖에 이와 비슷한 것)	➡ 바닥면적 합계 500㎡ 미만인 것

03	
자동차영업소	➡ 바닥면적 합계 1,000㎡ 미만인 것

04	
서점	➡ 바닥면적 합계 1,000㎡ 이상인 것

05	
총포판매소, 사진관, 표구점	➡ －

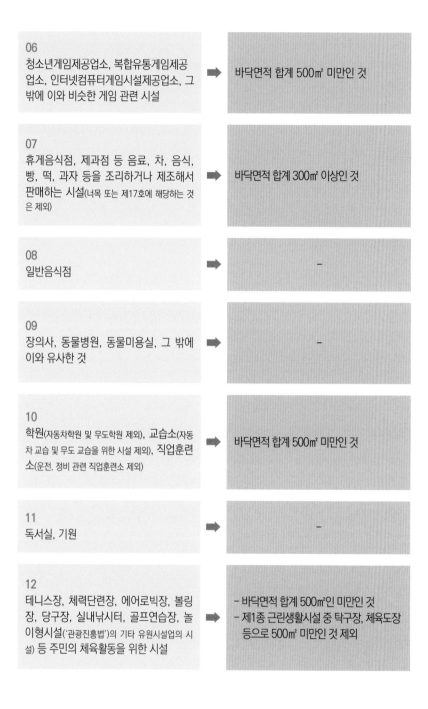

06
청소년게임제공업소, 복합유통게임제공업소, 인터넷컴퓨터게임시설제공업소, 그 밖에 이와 비슷한 게임 관련 시설 ⇒ 바닥면적 합계 500㎡ 미만인 것

07
휴게음식점, 제과점 등 음료, 차, 음식, 빵, 떡, 과자 등을 조리하거나 제조해서 판매하는 시설(너목 또는 제17호에 해당하는 것은 제외) ⇒ 바닥면적 합계 300㎡ 이상인 것

08
일반음식점 ⇒ -

09
장의사, 동물병원, 동물미용실, 그 밖에 이와 유사한 것 ⇒ -

10
학원(자동차학원 및 무도학원 제외), 교습소(자동차 교습 및 무도 교습을 위한 시설 제외), 직업훈련소(운전, 정비 관련 직업훈련소 제외) ⇒ 바닥면적 합계 500㎡ 미만인 것

11
독서실, 기원 ⇒ -

12
테니스장, 체력단련장, 에어로빅장, 볼링장, 당구장, 실내낚시터, 골프연습장, 놀이형시설('관광진흥법')의 기타 유원시설업의 시설) 등 주민의 체육활동을 위한 시설 ⇒ - 바닥면적 합계 500㎡인 미만인 것
- 제1종 근린생활시설 중 탁구장, 체육도장 등으로 500㎡ 미만인 것 제외

분쟁 없는 건축을 위한 건축주 학교

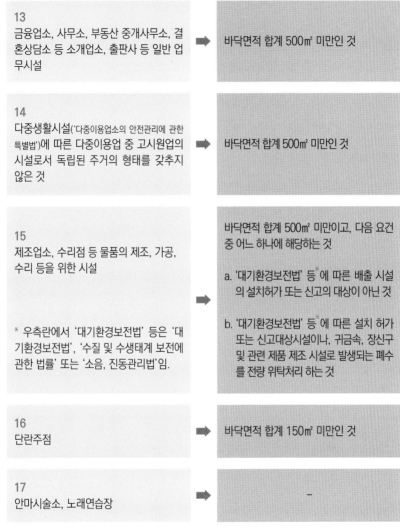

13 금융업소, 사무소, 부동산 중개사무소, 결혼상담소 등 소개업소, 출판사 등 일반 업무시설	바닥면적 합계 500㎡ 미만인 것
14 다중생활시설('다중이용업소의 안전관리에 관한 특별법')에 따른 다중이용업 중 고시원업의 시설로서 독립된 주거의 형태를 갖추지 않은 것	바닥면적 합계 500㎡ 미만인 것
15 제조업소, 수리점 등 물품의 제조, 가공, 수리 등을 위한 시설 * 우측란에서 '대기환경보전법' 등은 '대기환경보전법', '수질 및 수생태계 보전에 관한 법률' 또는 '소음, 진동관리법'임.	바닥면적 합계 500㎡ 미만이고, 다음 요건 중 어느 하나에 해당하는 것 a. '대기환경보전법' 등[*]에 따른 배출 시설의 설치허가 또는 신고의 대상이 아닌 것 b. '대기환경보전법' 등[*]에 따른 설치 허가 또는 신고대상시설이나, 귀금속, 장신구 및 관련 제품 제조 시설로 발생되는 폐수를 전량 위탁처리 하는 것
16 단란주점	바닥면적 합계 150㎡ 미만인 것
17 안마시술소, 노래연습장	-

출처 : '건축법' 시행령 별표 1

근린생활시설은 1종과 2종으로 구분된다. 상가주택에 입점해 있는 소상공인의 건물 용도는 위 표에 모두 포함되어 있을 것이다. 여기서

주의해야 할 것은 각 시설의 바닥면적 합계다.

예를 들어 바닥면적 합계 500㎡ 미만인 종교집회장(교회, 성당, 사찰, 기도원, 수녀원, 제실, 사당 그 밖에 이외 비슷한 것)은 2종 근린생활시설이지만, 바닥면적 합계 500㎡ 이상인 종교집회장은 종교시설(문화집회시설군)로 바뀐다(건물 용도의 분류표를 다시 살펴보자). 종교시설로 바뀌면 주차대수, 소방 등 기타 건축 법규 내용이 달라지는데 보통은 더 강화된다.

다른 예로 바닥면적 합계 300㎡ 미만인 판매점은 근린생활시설이지만, 바닥면적 합계가 300㎡ 이상인 판매점은 판매시설(영업시설군)으로 분류된다. 물론 이 역시 건축 관련 법규가 달라진다. 이렇듯 기본적으로 근린생활시설에서 파생되어 면적이 기준치 이상 커지면 각 시설군으로 변경된다고 생각하면 쉽게 이해가 될 것이다.

(4) 건폐율·용적률

건물의 용도를 결정했다면 이제 건물의 규모를 결정해야 한다.

보유한 땅에 '어느 정도의 규모로 건축물을 건축할 수 있을까?'가 최대의 관심사일 것이다. 어느 정도라는 것은 건축물의 면적과 함께 몇 층까지 지을 수 있는지 건축 가능한 층수를 말한다.

여기서 최대로 건축이 가능한 규모는 '국토의 계획 및 이용에 관한 법률'에 따라 건폐율과 용적률로 정한다. '건축법'에서는 이들 건폐율과 용적률의 산정 방식 및 기준에 따라 정하고 있다. 즉, 건물의 규모는 건폐율과 용적률에 의해 결정된다.

건축주가 설계를 설계자에게 맡기기 전이라도 건축주가 개략적으로 건축 가능한 규모를 가늠해볼 수 있는데, 이를 위해서는 땅에 대한 정보(지역·지구)를 먼저 알아야 가능하다.

건폐율과 용적률 산정방법은 다음과 같다. 건폐율은 건물의 바닥면적이 대지의 면적에서 차지하는 비율(건축면적/대지면적 × 100%)이다. 용적률은 대지면적에 대한 지상층 연면적의 비율(연면적의 합계/대지면적 × 100%)이다.

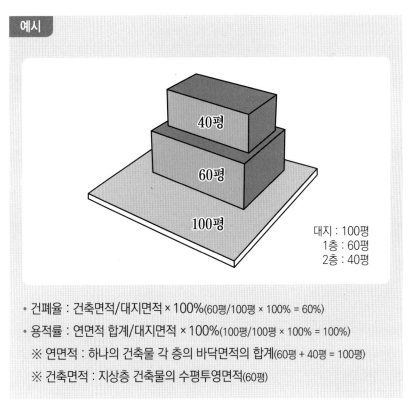

예시

대지 : 100평
1층 : 60평
2층 : 40평

• 건폐율 : 건축면적/대지면적 × 100%(60평/100평 × 100% = 60%)
• 용적률 : 연면적 합계/대지면적 × 100%(100평/100평 × 100% = 100%)
　※ 연면적 : 하나의 건축물 각 층의 바닥면적의 합계(60평 + 40평 = 100평)
　※ 건축면적 : 지상층 건축물의 수평투영면적(60평)

출처 : 저자 작성

대한민국의 모든 땅은 하나의 용도지역에 속해 있다. 모든 용도지역은 지방자치마다 건폐율과 용적률이 정해져 있다. 다음 표는 서울시 기준의 용도지역 내 건폐율과 용적률이다.

용도지역 안에서 건폐율과 용적률(서울시 기준)

구분	용도지역		건폐율(%)			용적률(%)			
			법	시행령	조례 (서울시)	법	시행령	조례 (서울시)	
도시지역	주거지역	제1종 전용주거	70	50	50	500	50~100	100	
		제2종 전용주거		50	40		100~150	120	
		제1종 일반주거		60	60		100~200	150	
		제2종 일반주거		60	60		150~250	200	
		제3종 일반주거		50	50		200~300	250	
		준주거		70	60		200~500	400	
	상업지역	중심상업	90	90	60	1,500	400~1,500	1,000	4대문 안 800
		일반상업		80			300~1,300	800	4대문 안 600
		유통상업		80			200~1,100	600	4대문 안 500
		근린상업		70			200~900	600	4대문 안 500
	공업지역	전용공업	70	70	60	400	150~300	200	
		일반공업					200~350	200	
		준공업					200~400	400	
	녹지지역	보전녹지	20	20	20	100	50~80	50	
		생산녹지					50~100	50	
		자연녹지					50~100	50	

분쟁 없는 건축을 위한 건축주 학교

관리지역	보전관리	20	20		80	50~80	
	생산관리	20	20		80	50~80	
	계획관리	40	40		100	50~100	
농림지역		20	20		80	50~80	
자연환경보전지역		20	20		80	50~80	

출처 : 서울시 도시계획조례

물론 다른 지역도 각 지역마다 용도지역 안에서 건폐율과 용적률을 조례로 지정하고 있다.

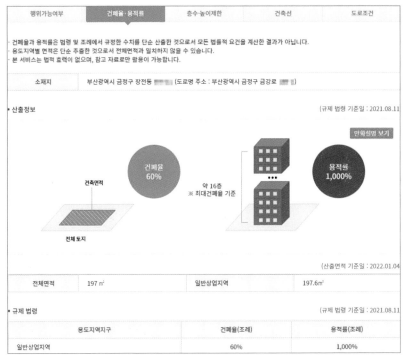

출처 : 토지이음

예시의 주소인 장전동은 부산에 있는 지역이고 이 땅은 상업지역이다.

토지이음을 살펴보니 이 대지는 건폐율이 60%이고, 용적률이 1000%이다. 이 내용은 자치법규정보시스템(www.elis.go.kr)에서도 확인이 가능하다.

건폐율과 용적률에 대해서는 다음의 예시로 다시 설명하겠다.

예시

서울시 종로구에 한 건물을 신축하는 데 대지면적은 100평이고, 제2종 일반주거지역(건폐율 60%, 용적률 200%)이다. 다른 건축 규제가 없다고 생각하고 건폐율과 용적률만 살펴본다면, 건축할 수 있는 최대 면적은 다음과 같다.

1층 : 60평 (**60평**/100평 x 100% = 60%) (최대 건폐율 60% 적용)
2층 : 60평 (2층이 60평을 넘어가면 최대 건폐율을 초과함)
3층 : 60평 (3층이 60평을 넘어가면 최대 건폐율을 초과함)
4층 : 20평 (**200평**/100평 x 100% = 200%)
(최대 용적률이 200%이니 최대로 지을 수 있는 연면적은 200평이다. 즉, 60평 + 60평 + 60평 + 20평 = 200평)

※ 위의 예시는 건폐율/용적률만을 생각하고 단순하게 계산했다.
　여기에 부설주차장, 일조권 등의 건축법을 적용하면 규모와 형태가 달라지게 된다.

(5) 층수·높이 제한

용도지역 지구에 따른 층수나 높이 제한은 정해진 만큼의 층수나 높이 이하로 지으면 되지만 '일조 등의 확보를 위한 건축물의 높이 제한'은 조금 더 이해가 필요하다. 일조사선제한선은 단순히 '이웃 땅에서 몇 미터 이격하라'는 식의 법규가 아니다.

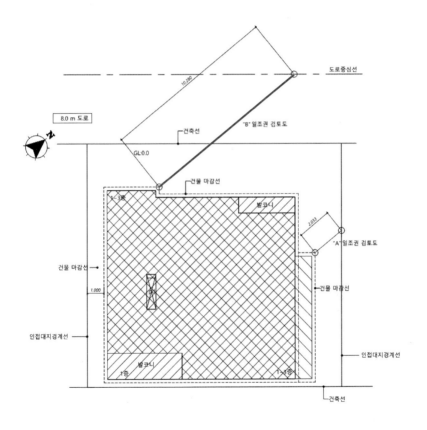

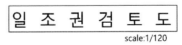

scale:1/120

출처 : 저자 작성

일조사선제한선은 일반주거지역과 전용주거지역 안에서만 적용된다. 건축물의 높이는 정북방향(正北方向)의 인접 대지경계선으로부터 거리에 따라 일정한 높이에서 건축조례로 정하는 거리 이상을 띄어 건축해야 한다. 단, 도로가 있는 경우 도로의 중심선에서 건축조례로 정하는 거리 이상을 띄우면 된다.

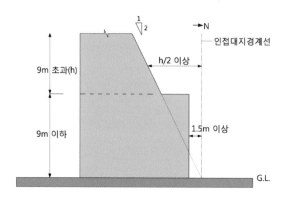

건물 높이 9m 이하	정북 방향의 인접 대지경계선으로부터 1.5m 이상
건물 높이 9m 초과	정북 방향의 인접 대지경계선으로부터 해당 건축물 각 부분의 높이의 2분의 1 이상

출처 : 저자 작성

주거지역에서 새로 짓는 건물이 옆 건물과 지나치게 붙어 있거나 다른 건물에 대한 배려 없이 높게 짓는다면 빛이 거의 들지 않는 집이 생긴다.

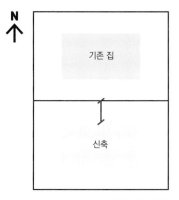

새로 짓는 집이 북쪽으로 일정거리를 이격해야 북쪽에 있는 집에 해가 비칠 수 있다. 거리를 다니다 보면 북쪽으로 경사진 형태의 건물이 눈에 보이는데 '디자인이 예뻐 보이지 않음에도 불구하고 왜 저렇게 건물을 지었을까?'라고 생각해본 적이 있을 것이다. 대부분 '일조 등의 확보를 위한 건축물의 높이제한'에 대한 건축법 때문이다. 북쪽에 있는 대지경계선과 내 필지의 건물은 모두 이 법규에 따라 이격이 된 것이다.

대지경계선에서 북쪽으로 1.5m를 이격하고 나면 거기서부터는 수직으로 9m까지는 건물을 올려도 되지만, 9m를 넘어서면 북쪽 인접 대지경계선에서 해당 건축물 높이의 2분의 1만큼의 거리를 두고 건축해야 한다.

또 내 필지 또는 인접 필지가 평평하지 않고 경사진 형태라면 각 필지에서 가중평균을 별도로 산출하고 그 평균 높이에서 일조사선 제한선이 시작된다.

(6) 도로(건축법 제2조 제1항 제11호)

도로란 보행과 자동차 통행이 가능한 너비 4m 이상의 도로(지형적으로 자동차 통행이 불가능한 경우와 막다른 도로의 경우에는 대통령령으로 정하는 구조와 너비의 도로)로서 다음 각 목의 어느 하나에 해당하는 도로나 그 예정도로를 말한다.

가. '국토의 계획 및 이용에 관한 법률', '도로법', '사도법', 그 밖의 관계 법령에 따라 신설 또는 변경에 관한 고시가 된 도로

나. 건축 허가 또는 신고 시에 특별시장, 광역시장, 특별자치시장, 도지사, 특별자치도지사(이하 "시, 도지사"라 한다) 또는 시장, 군수, 구청장(자치구의 구청장을 말한다. 이하 같다)이 위치를 지정하여 공고한 도로 위에서 "대통령령으로 정하는 구조와 너비의 도로"란 다음 각 호의 어느 하나에 해당하는 도로를 말한다(시행령 제3조의 3).

가. 특별자치시장, 특별자치도지사 또는 시장, 군수, 구청장이 지형적 조건으로 인하여 차량 통행을 위한 도로의 설치가 곤란하다고 인정하여 그 위치를 지정, 공고하는 구간의 너비 3m 이상(길이가 10m 미만인 막다른 도로인 경우에는 너비 2m 이상)인 도로

나. 제1호에 해당하지 아니하는 막다른 도로로서 그 도로의 너비가 그 길이에 따라 각각 다음 표에 정하는 기준 이상인 도로

막다른 도로의 길이	도로의 너비
10m 미만	2m
10m 이상 35m 미만	3m
35m 이상	6m(도시지역이 아닌 읍·면 지역 4m)

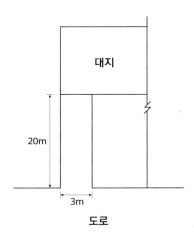

출처 : 저자 작성

위의 그림처럼 막다른 도로의 길이가 20m이면 3m 이상의 도로의 너비를 가져야 대지로 인정된다. 건축법에서는 지형적으로 자동차 통행이 불가능한 경우로 통과도로가 아니면 '막다른 도로(막다른 골목길)'라고 부르는데 막다른 도로의 경우 막다른 도로의 길이에 따라 도로의 폭을 다르게 정한 것이다.

건축법을 알면 골목 안의 모든 땅이 다르게 보인다. 입지조건이 좋은 땅이라도 막다른 도로에 위치한 땅은 비교적 낮은 가격으로 땅이나 건물을 매입할 수 있다. 저렴하게 매입한 건물에 셰어하우스 같은 공동 주거공간을 만들면 수익이 더 생길 수 있다. 오히려 골목 안 집이 주거지로 더 안정적일 수 있다. 즉, 건물의 용도, 규모 그리고 콘셉트만 잘 잡는다면 토지 투자에서 막다른 도로에 위치한 대지는 새로운 투자의 열쇠가 될 수도 있다.

(7) 대지와 도로의 관계(법 제44조 영 제28조)

가. 건축물의 대지는 2m 이상의 도로(자동차만의 통행에 사용되는 도로는 제외한다)에 접하여야 한다. 다만, 광장, 공원, 유원지 등 건축이 금지되고, 공중의 통행에 지장이 없다고 인정하는 경우에는 도로가 없는 경우에도 허가할 수 있다.

나. 연면적 2,000㎡(공장의 경우에는 3,000㎡) 이상 건축물은 너비 6m 이상 도로에 4m 이상 접하여야 한다.

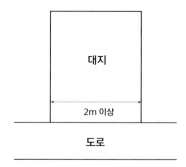

구분	대지가 접해야 할 도로의 너비	도로에 접한 길이
모든 건축물	4m 이상	2m 이상
연면적 2,000㎡ 이상 (공장인 경우에는 3,000㎡ 이상)	6m 이상	4m 이상

출처 : 저자 작성

(8) 건축선의 지정(법 제46조 영 제31조)

도로와 접한 부분에 있어서 건축물을 건축할 수 있는 선(이하 건축선)은 대지와 도로의 경계선으로 한다.

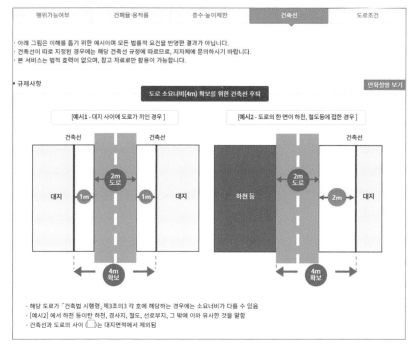

출처 : 토지이음

소요 너비 미달 도로의 건축선 지정

건축선은 도로 중심선으로부터 당해 소요 너비의 2분의 1에 상당하는 수평거리를 후퇴한 선이다.

① 통과도로 : 소요 너비 4m 이상

② 막다른 도로 : 막다른 도로의 길이에 따른 소요 너비 2~6m 이상 확보(읍·면 지역은 2~4m 이상 확보)

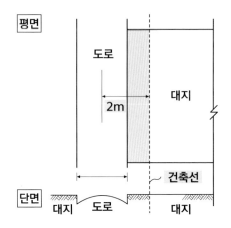

출처 : 저자 작성

건축선은 말 그대로 건축물을 건축할 수 있는 선이다. 앞 자료에서 색이 표시된 부분은 토지 소유자의 땅이긴 하지만, 건물은 지을 수 없다. 건축선을 지정할 때 도로 맞은편 대지는 신경 쓸 필요가 없다. 도로 폭이 2m 이상이 되면 도로의 너비에 상관없이 도로의 중심에서 2m 후퇴한 선이 바로 건축선이 된다. 그리고 지상 건축물은 건축선을 넘어서 건물을 지어서는 안 되지만, 지하 공간은 건축선을 넘어서도 지을 수 있다. 그래서 건축선은 토지면적과 대지면적을 구분하는 선이 되기도 한다.

토지면적 vs 대지면적
① 토지면적 : 토지대장에 등재된 면적으로 건축 여부에 관계없이 지적상 1필지로 구획된 현황면적이다.
② 대지면적 : 건축법상 대지조건에 충족되어 대지면적 산정 기준에 의거한 건축 가능 면적으로 건폐율, 용적률 등의 적용 기준면적이 된다.

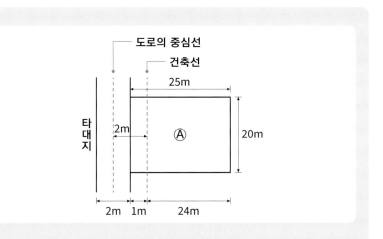

도로의 중심선
건축선
25m
타대지
2m
Ⓐ
20m
2m 1m 24m

- 토지면적 : 25m × 20m = 500㎡
- 대지면적 : 24m × 20m = 480㎡

  (대지면적 산정기준에 따라 기준도로 폭4m 확보)

건축을 목적으로 땅을 매입하는 토지 소유자는 대지면적과 토지면적을 구분하지 못하면 재산상 손해가 발생할 수 있다. 즉, 대지면적과 토지면적을 같은 면적으로 알고 있다가 건폐율 산정에서 착오가 생길 수 있다.

(9) 주차장법 : 자치법규정보시스템(www.elis.go.kr)

건축물의 종류와 면적에 따라 몇 대분의 주차구획이 필요한지, 주차구획은 가로 × 세로 몇 미터를 확보해야 하는지 등에 관련된 주차장 규정이 있다. 그러므로 건축물의 용도에 따른 부설주차장 설치대수 산정기준도 파악해야 한다.

50㎡ 이상의 면적을 가진 건축물은 건축법에 맞게 건물 배치를 하더라도 결국 주차장 배치 문제가 발생해 도면을 다시 수정하게 된다. 건물은 용도와 규모에 따라 설치해야 할 주차대수도 달라진다. 건물의 용도와 규모가 정해지면 사실상 가장 먼저 산정해야 할 부분이 바로 주차대수다.

신축뿐만 아니라 증축 및 용도변경에서도 주차대수 산정은 중요하다. 건축물 대부분 주차대수 문제로 건물 용도변경이나 증축을 하지 못한다. 특히 면적이 작은 상가주택의 경우 더 중요하다. 소형 상가주택 특성상 1층 면적의 크기가 중요한데, 1층이 주차면적 때문에 상가로 사용할 면적이 줄어든다면 임대수익도 그만큼 크게 줄어들기 때문이다. 따라서 부설주차장 설치기준은 잘 이해할 필요가 있다.

부설주차장의 설치기준(영 제6조)

자치법규정보시스템에 접속하면 각 지자체별로 자치법규를 찾을 수 있는데 해당 지역의 주차장 조례를 검색하면 '주차장 설치 및 관리조례'에 따라 다음 페이지의 표를 확인할 수 있다. 예를 들어 부산시 부설주차장 설치기준을 알고 싶으면 '부산광역시 주차장 설치 및 관리조례'라고 입력해서 검색한다.

화면이 뜨면 스크롤을 아래까지 내려 별표 7 '부설주차장의 설치대상 시설물의 종류 및 부설주차장 설치기준'이라는 한글파일을 찾아 확인하면 된다.

분쟁 없는 건축을 위한 건축주 학교

부설주차장의 설치대상 시설물의 종류 및 부설주차장 설치기준(부산시)

시설물	설치기준
① • 위락시설	• 시설면적 67㎡당 1대(시설면적/67㎡)
② • 문화 및 집회시설(관람장 제외) 　• 종교시설 　• 판매시설 　• 운수시설 　• 의료시설(정신병원, 요양병원, 격리병원 제외) 　• 운동시설(골프장, 골프연습장, 옥외수영장 제외) 　• 업무시설(외국공관, 오피스텔 제외) 　• 방송통신시설 중 방송국 　• 장례식	• 시설면적 100㎡당 1대(시설면적/100㎡)
③ • 제1종 근린생활시설['건축법 시행령' 별 　표 1 제3호 바목 및 사목(공중화장실, 대피 　소, 지역아동센터는 제외한다)은 제외한다] 　• 제2종 근린생활시설 　• 숙박시설	• 시설면적 134㎡당 1대(시설면적/134㎡)
④ • 단독주택(다가구주택 제외)	• 시설면적 50㎡ 초과 180㎡ 이하 : 1대 • 시설면적 180㎡ 초과 : 1대에 180㎡를 　초과하는 120㎡당 1대를 더한 대수 　[1 + {(시설면적 − 180㎡)/120㎡}]
⑤ • 다가구주택 　• 공동주택 (기숙사 제외) 　• 업무시설 중 오피스텔	• '주택건설기준 등에 관한 규정' 제27조 제 　1항에 따라 산정된 주차대수 　다만, 전 주차대수가 세대당 1대에 미달 　하는 경우에는 세대당 1대(전용면적이 30㎡ 이 　하인 경우에는 0.5대) 이상 • 다가구주택, 오피스텔의 전용면적은 공동 　주택의 전용면적 산정방법을 따르며, 오피 　스텔의 경우 1호실을 1세대로 본다.

⑥ · 골프장 · 골프연습장 · 옥외수영장 · 관람장	· 골프장 : 1홀당 10대(홀의 수 X 10) · 골프연습장 : 1타석당 1대(타석의 수 X 1) · 옥외수영장 : 정원 15명당 1대(정원/15명) · 관람장 : 정원 100명당 1대(정원/100명)
⑦ · 수련시설 · 공장(아파트형 제외) · 발전시설	· 시설면적 350㎡당 1대(시설면적/350㎡)
⑧ 창고시설	· 시설면적 400㎡당 1대(시설면적/400㎡)
⑨ 학생용 기숙사	· 시설면적 400㎡당 1대(시설면적 /400㎡)
⑩ 방송통신시설 중 데이터센터	· 시설면적 400㎡당 1대(시설면적/400㎡)
⑪ 그 밖의 건축물	· 시설면적 200㎡당 1대(시설면적/200㎡)

출처 : 부산광역시 수자상 설치 및 관리조례

① 건축물 신축의 경우 : 시설면적 ÷ 설치기준 = 주차대수

지자체별 '주차장 설치 및 관리조례'에서 규정한 설치기준에 따라 산정한 소수점 이하 첫째 자리까지는 주차대수로 합해서 산정한다.

산정한 주차대수가 소수점 0.5보다 크면 1로 본다. 1을 초과하면서 소수점 첫째 자리가 0.5 이상이면 반올림하고 0.5 미만이면 버린다.

그러나 계산 결과가 1을 초과하지 않고 1 미만으로 나오면 주차대수는 0대로 본다.

분쟁 없는 건축을 위한 건축주 학교

주차대수 산정방법

• 조건 : 1층은 제2종 근린생활시설이고 면적은 180㎡이다.

　　　 2층은 단독주택이고 면적은 200㎡이다.

　　　 부산광역시 조례를 기준으로 한다.

• 풀이 : 1층 : 180㎡/134㎡ = 1.3대

　　　 2층 : 1 + (200㎡ − 180㎡)/120㎡ = 1.1대

　　　 합계 : 1.3대 + 1.1대 = 2.4대

　　　 주차대수 : 2대

주차대수 산정방법

• 조건 : 각 층 바닥면적 200㎡ 면적이다.

　　　 1층 : 제1종 근린생활시설

　　　 2~3층 : 제2종 근린생활시설

　　　 4~5층 : 위락시설

　　　 인천광역시 조례를 기준으로 한다.

• 풀이 : 인천광역시 주차장 설치 및 관리 조례

　　　 1종, 2종 근린생활시설은 시설면적 134㎡당 1대

　　　 위락시설 70㎡당 1대

　　　 1~3층 : 600㎡/134㎡ = 4.47대(4.4대)

　　　 4~5층 : 400㎡/70㎡ = 5.71대(5.7대)

　　　 합계 : 4.4대 + 5.7대 = 10.1대

　　　 주차대수 : 10대

　　　 (소수점 첫째 자리가 0.5 미만인 경우 0으로 계산)

② 건축물 증축의 경우 : 증축한 시설면적 ÷ 설치기준 = 주차대수

증축면적에 대한 주차대수를 계산해서 나온 주차대수의 소수점 첫째 자리가 0.5 이상이면 반올림하고 0.5 이하이면 주차대수에는 포함하지 않고 기록했다가 다음 증축 시에는 보관한 이 수치와 새로 증축할 주차대수를 합산한다. 소수점 첫째 자리가 0.5 이상이면 반올림하고 0.5 미만이면 주차대수에는 포함하지 않고 0.5가 될 때까지 기록해둔다.

③ 건축물 용도변경의 경우 : 용도변경한 시설면적 ÷ 설치기준 = 주차대수가 1대 미만이면 0으로 본다.

다만 용도변경되는 부분에 대해 설치기준을 적용해 산정한 주차대수의 합이 1대 이상인 경우(2회 이상 나누어 용도변경하는 경우를 포함)에는 그렇지 않다.

처음에 용도변경 시 산정한 주차대수가 1대 미만인 0.7이면 주차대수를 0으로 보지만, 늘어난 0.7대는 삭제하지 않고 기록했다가 향후 추가로 용도변경이 필요하게 되어 주차대수가 0.8대가 증가하면 0.7 + 0.8 = 1.5대로 주차대수가 산정되므로 총 2대가 필요하게 된다.

계산해서 나온 주차대수가 1대 미만이면 주차대수는 0대로 보나 다음에 용도변경할 경우에는 이 수치와 합산해서 나온 결과로 주차대수를 산정하는 것이다.

④ 복합 건축물의 경우(단독주택 + 근린생활시설 등으로 용도가 서로 다른 건축물) : (단독주택 면적 ÷ 설치기준) + (근린생활시설 면적 ÷ 설치기준) = 주차대수

주차대수가 1을 초과하면서 소수점 첫째 자리가 0.5 이상이면 반올림하고 0.5 미만이면 버린다. 복합 건축물은 각 용도별로 계산해서 주차대수를 합산 한다.

⑤ 다가구주택의 경우

다가구주택의 경우 주차대수는 공동주택의 산정방법을 따른다. 그리고 산정한 계산값 소수점 첫째 자리 이하의 끝수를 1대로 본다.

다음 표에서 정하는 면적당 대수의 비율로 산정하되 세대당 주차대수가 1대 이상이 되어야 한다(단, 세대당 전용면적이 60㎡ 이하면 0.7대).

주택규모별 (전용면적 : ㎡)	주차장 설치기준(대/㎡)			
	(가) 특별시	**(나)** 광역시, 특별자치시 및 수도권 내의 지역	**(다)** 가목 및 나목 외의 시지역과 수도 권 내의 군지역	**(라)** 그 밖의 지역
85㎡ 이하	1/75	1/85	1/95	1/110
85㎡ 이상	1/65	1/70	1/75	1/85

출처 : 주택 건설기준 등에 관한 규정 제27조

예를 들어 부산에 있는 3가구가 사는 연면적 240㎡의 다가구주택의 각 가구 면적이 100㎡, 80㎡, 60㎡로 각각 다른 경우, 100㎡/70 + 80㎡/85 + 1 × 0.7 = 3.07이다. 따라서 총 4대를 설치해야 한다.

부설주차장 설치에 관해 단독주택, 근린생활시설, 다가구주택의 주차대수 산정을 어느 정도 계산할 수 있다면 건축에 있어서 첫걸음을 내디딘 것이다.

기존 건물을 허물고 신축을 하려고 대지를 매입했는데, 1층에 놓이는 주차장 때문에 임대료 수입이 오히려 줄어드는 경우가 발생하는 것처럼 주차대수 산정은 사업성과 직결된 문제다. 그러므로 리모델링(증축 등)으로 생각을 바꾸고 수익성이 높은 쪽으로 판단할 수 있다. 부설 주차장 설치에 대한 내용은 지자체별 주차장 설치 및 관리 조례를 반드시 확인해야 한다.

자치법규정보시스템(www.elis.go.kr)에서 관련 법규를 찾는 방법에 익숙해지면 더 좋다.

Special space

(1) 지하실

지하실은 용적률 산정에서 제외되기 때문에 공간 확보가 용이하다. 하지만 방수하는 데 비용이 많이 들고, 배수·채광·환기 등이 매우 불리하다. 그래서 최대한 지상에 노출해서 창을 내면 좋다.

하지만 1층 바닥 높이가 상승하게 되면 1층으로 진입이 어려워지는 문제가 발생한다. 그리고 지하를 지상으로 노출하더라도 반드시 지하층 층고의 1/2 이하로 노출해야 한다.

소규모 건축의 지하 공간은 주로 주차장, 다목적공간(단독주택), 상가(

분쟁 없는 건축을 위한 건축주 학교

카페, 작업실) 등으로 이용된다. 지하층 관련 건축법은 대부분 피난, 방화, 환기 및 배수에 관한 것으로 거실의 규모에 의해 규정된다. 이런 규정은 주로 대규모 건축물에 관한 것이며, 소규모 건축이나 단독주택은 대부분 법 규정에서 제외된다. 지하실은 주차장 용도로 이용해 1층 면적을 최대한 확보하거나, 주거의 부속 용도로 사용하기 위함이다.

지하층을 정상적인 거실로 사용하기 위해서는 많은 비용(지상층에 비해 평균 1.3배의 공사 비용 발생)이 요구된다. 그래서 이런 설치를 포기하는 경우도 많다. 그러나 경사지에 있는 대지는 저비용으로 지상층과 거의 동일한 수준의 공간을 확보할 수 있고 용적률에도 제외되므로 지하층 설치를 적극적으로 검토할 필요가 있다.

지하층(건축법 제2조 제1항 제5호)

'지하층'이란 건축물의 바닥이 지표면 아래에 있는 층으로, 바닥에서 지표면까지 평균 높이가 해당 층 높이의 2분의 1 이상인 것을 말한다. 지하층은 층수 산정에서 제외되고, 용적률 산정에서도 바닥면적에서 제외된다.

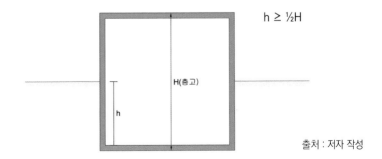

출처 : 저자 작성

지하층의 구조(피난 방화 규칙 제25조)

거실의 바닥면적이 50㎡ 이상인 층에는 직통계단 외에 피난층 또는 지상으로 통하는 비상탈출구(유효너비 0.75m, 유효높이 1.5m) 및 환기통을 설치해야 한다. 다만, 직통계단이 2개소 이상 설치되어 있는 경우에는 설치하지 않아도 된다.

(2) 다락(옥탑의 설치)

소규모 주거 건축물에서 옥탑은 다락의 설치와 지붕 공간으로 접근하는 것을 용이하게 한다. 옥탑은 부족한 용적률과 멋진 전망 및 다양한 외부공간을 제공하는 역할을 한다.

하지만 다락의 용도는 물품의 저장을 목적으로 하고, 바닥 난방, 화장실, 주방 등의 용도를 금지하고 있다. 이는 거실 용도로 불법 사용을 금지하기 위함이다. 다락은 바닥면적 제외, 층수 제외, 건축물의 높이 산정 제외 등 건축물의 규모에 포함되지 않는다. 관련 건축법을 살펴보자.

바닥면적(영 제119조)

승강기탑(옥상 출입용 승강장을 포함한다), 계단탑, 장식탑, 다락(평지붕 형태의 층고 1.5m, 경사진 지붕 형태의 층고 1.8m 이하인 것만 해당한다), 물탱크는 바닥면적에 산입하지 않는다.

분쟁 없는 건축을 위한 건축주 학교

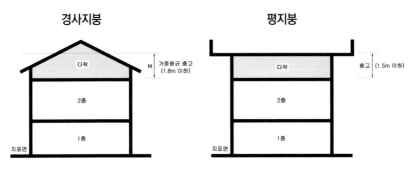

출처 : 저자 작성

층수 제외(영 제119조)

승강기탑(옥상 출입용 승강장을 포함한다), 계단탑, 망루, 장식탑, 옥탑, 그 밖에 이와 비슷한 건축물의 옥상 부분으로서 그 수평투영면적의 합계가 해당 건축물 건축면적의 8분의 1 이하인 것과 지하층은 건축물의 층수에 산입하지 않는다.

건축물의 높이 제외(영 제119조)

건축물의 옥상에 설치되는 승강기탑, 계단탑, 망루, 장식탑, 옥탑 등으로서 그 수평투영면적의 합계가 해당 건축물 건축면적의 8분의 1 이하인 경우로서 그 부분의 높이가 12m를 넘는 경우에는 그 넘는 부분만 해당 건축물의 높이에 산입한다.

부속건축물(별채)에 관련된 건축법을 살펴보면 다음과 같다.

건축법 적용 비교

구분	연면적	용적률	건폐율	건축 한계선
지하	포함	미포함	미포함	미적용
다락	미포함	미포함	포함	적용

다락방 가중평균 높이 산정

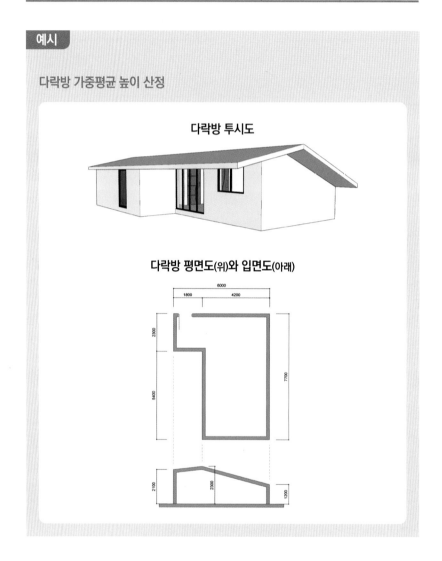

다락방 투시도

다락방 평면도(위)와 입면도(아래)

*공식

$$가중평균높이(m) = \frac{체적(㎥)}{바닥면적(㎡)}$$

$$\frac{\frac{2.1 + 2.3}{2} \times 1.8 \times 2.3 + \frac{2.3 + 1.2}{2} \times 4.2 \times 7.7}{1.8 \times 2.3 + 4.2 \times 7.7} = 1.8m$$

출처 : 저자 작성

2. 현장조사

내 소유의 땅이 실제 몇 평 안 되는 아파트와는 달리 단독주택(상가주택)은 건축면적보다 넓은 땅을 소유할 수 있다는 것이 가장 큰 장점이다. 이 땅은 등기부등본상 소유일 뿐만 아니라 언제든 원하면 매도할 수 있는 땅이다.

또한 내 의지와는 관계없이 주변 환경이 계속 변하기 때문에 처음 매입했을 때와 달리 훗날 더 가치 있는 땅으로 변화될 수 있다. 물론 반대의 경우도 발생한다.

건물은 내가 원하는 대로 만들어낼 수 있지만, 땅은 그것이 어렵다. 그래서 땅에 대해서 조금 더 이해가 필요하다. 이제부터는 땅을 매입할 때 놓치지 말아야 할 가장 기본적인 입지 및 토지 조건에 대해 알아보자.

(1) 입지조건

입지란 단순히 땅이 어디에 위치하는가에 대한 물리적 위치만을 말하는 것이 아니다. 물리적 환경과 주변 환경을 포함해 그 땅이 가진 미래가치를 가늠해 잠재 가능성과 여러 지역적 요건 등을 종합한 후 나온 단어다. 특별히 교통과 학군, 상권과 주변 환경을 말하지 않고서는 입지를 설명할 수는 없다.

이미 로드뷰, 지도 등으로 입지조건을 확인하겠지만, 실제 현장조사를 해야 그동안 보지 못했던 것이 보인다.

① 대중교통(지하철/버스)

전용주거지역처럼 버스도 제대로 다니지 않는 주거지역을 제외하고 지하철, 버스 같은 대중교통 밀집지역을 유심히 살펴보자. 자차로 많이 이동하지만, 부모세대와 함께 거주하는 자녀세대는 대중교통을 많이 이용하므로 교통이 편리해야 한다. 현장실사(임장)에서는 지도상의 거리가 아닌 직접 걸어서 이동한 거리를 느껴봐야 한다. 현장조사는 계약서를 쓰기 전에 반드시 여러 번 해야 한다.

분당의 경우 초중고교 등 교육시설이 주거시설과의 동선을 고려해 중심상업지구에 배치했다. 그 상업지구를 중심으로 대중교통수단이 연계되어 있다. 분당이 인기가 있는 이유가 있는 것이다.

지하철, 버스와 같은 대중교통은 주거공간, 상업공간에서 매우 중요한 요소를 차지한다. 특히 지하철 역세권은 삶의 질을 좌우한다. 10~20대가 모이는 상업지역은 모두 지하철 역세권인 이유가 여기에 있다.

② 학군(초등학교/중학교)

어린 자녀를 둔 학부모는 학교와의 거리가 가까울수록 선호한다. 특히 단지 안에 초등학교가 있는 아파트를 좋아한다.

'초품아'라는 말이 생길 정도로 초등학교를 품은 주거지는 학군 자체의 우수성, 대형 학원가 형성을 가져올 뿐만 아니라 높은 학업성취도를 보이기 때문에 주택가격과 높은 상관관계를 갖고 있다.

주거지에서 우리 아이가 걸어서 편하게 다닐 수 있는 학교가 가까운지 살펴보는 것은 중요하다. 학교 근처에 상가건물이 있으면 학원 등 임대 가능한 업종도 늘어난다.

③ 주변 환경(공용주차장/병원/마트/공원)

주차장이 부족한 동네나 사람들이 모여드는 상권에는 저렴한 주차비의 공용주차장이 중요한 역할을 한다. 소규모 상가건물의 부설주차장 주차대수는 사실상 별 의미 없는 숫자다. 근처에 공용주차장이 있으면 주차가 편리하고 상가를 자유롭게 이용할 수 있다.

10년 전쯤 유행했던 전원주택이 인기가 시들해진 이유는 여러 가지가 있겠지만, 대형병원과 대형마트 같은 편의시설이 없다는 점이 주된 이유였다. 실제로 전원주택에 살아보면 위급한 상황에서 병원을 찾기가 쉽지 않다.

또한 식자재 등의 물품들을 가까이서 쉽게 구매할 수 없다는 점도 매우 불편하다. 젊은 세대는 인터넷으로 구매하면 된다고 생각하겠지만, 전원주택생활을 하는 분들의 연령대는 이 부분도 간과할 수 없다.

전원주택생활을 오래 못하는 또 하나의 이유는 외로움 때문이다. 도시와 멀리 떨어져 있으니 자녀들이나 친구의 방문횟수가 갈수록 줄어드는 것이다. 전원이 입지선택에 중요한 요소로 작용한다면 도심에서 공원이 있는 동네를 선택하는 것도 좋은 방안이 될 수 있다.

대단지 아파트 주변의 주택들이 비싼 이유는 대단지 주변의 상권을 함께 공유할 수 있기 때문이다.

공원도 마찬가지다. 아침에 산책할 수 있는 자연환경이 주변에 가까이 있다는 것은 참 매혹적인 일이다.

이러한 기본적인 조건들 이외에 수많은 개별요인이 있을 것이다. 특별히 주거공간으로만 생각하고 집을 짓는다면 사생활 보호나 주변환경의 쾌적성 등이 더 중요할 수 있다.

어떤 경우에는 국립대학이나 공립도서관이 있는 지역으로 이사를 가면 도서관을 자유롭게 이용할 수도 있고, 캠퍼스 주변이 우리 집의 산책로 역할을 하니 좋다. 사람들마다 선택의 이유는 다양할 것이다.

(2) 토지 조건

① 토지 방향(동서남북)

땅의 방향을 결정할 때는 어느 방향에 도로가 있느냐로 판단해야 한다. 보통 남향으로 창을 낼 수 있는 땅을 좋은 입지조건으로 생각하겠지만, 남향은 주거공간일 경우에 좋은 방향이 될 수 있다.

상업공간의 경우 해가 들지 않은 북향이 더 좋은 방향이 될 수도 있다. 남향은 전시된 물품이 햇빛 때문에 잘 보이지 않기 때문이다. 더구나 주거지역의 경우 일조권 확보를 위해 북쪽으로부터 이격거리를 두고 건물을 짓기 때문에 북쪽이 더 좋은 조건이 될 수 있다.

왜냐하면 북쪽에 이격된 공간에 주차장을 배치하면 훨씬 더 효율적인 건물 배치를 할 수 있기 때문이다. 건물배치도에 관해서는 3교시에서 자세히 다룰 것이다.

② 토지 모양(정방형/장방형/부정형)

네모반듯한 정방형의 땅은 좋은 땅이다. 하지만 대지가 넓은 경우에는 부정형의 땅을 매입해도 건물을 설계하는 데 큰 무리가 없다. 그러나 비좁은 땅은 건물 형태가 틀어지거나 주차공간도 제대로 확보하지 못하는 경우가 발생한다. 따라서 대체로 부정형은 좋은 땅이라고 할 수 없다. 크기가 작은 땅일수록 정방형이면 좋다. 상가의 경우에는 도로 방향으로 길쭉한 장방형 땅이 좋다. 도로면에서 최대한 상가 공간을 많이 노출할 수 있다면 공간을 나누어서 임대가격도 더 올릴 수 있고 고객의 접근도 쉽기 때문이다.

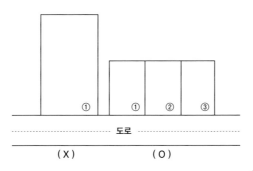

출처 : 저자 작성

주거의 경우에도 차가 진입하는 도로 방향으로 길쭉한 땅이 공간 활용에 좋다. 도로면에 붙은 폭이 좁은 땅은 주차공간으로 1층 공간을 대부분 차지하기 때문에 비효율적인 땅이 될 수 있다.

부설주차장을 이해하고 배치도를 그릴 수 있다면 좋은 땅에 대한 이해가 훨씬 쉽다. 이 또한 3교시에서 자세히 다룰 것이다.

③ 토지 경사(평지/완경사/급경사)

주거공간은 도로보다 살짝 높은 평지가 좋다. 주차하기도 좋고 어디든 이동하기도 편리하다. 경사지에 주차를 하거나 대문 설치시공 등을 경험헤봤다면 평지의 소중함을 알 수 있다. 그러나 모든 경사지가 나쁜 것은 아니다. 건물의 용도에 따라 경사지가 장점이 되는 경우도 있다. 경사지를 활용해서 테라스하우스를 짓는 경우가 대표적이다.

아랫집 옥상이 우리집 마당이 되는 테라스하우스의 경우에는 경사지를 잘 활용한 사례다. 또한 1층 같은 지하를 만드는 경우도 있다. 산복도로가 많은 부산지역에는 경사지 아래 전면에 도로가 있고 경사지 후면에 도로가 있어 지하도 1층처럼 사용할 수 있다. 1층의 요건을 갖춘 층이 2개 층인 건물이 되는 것이다.

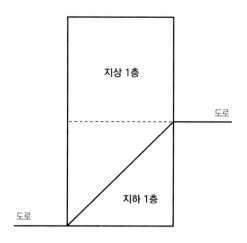

출처 : 저자 작성

또한 경사지를 활용한 지하주차장은 진입 시 바로 주차할 수 있도록 건축 설계가 가능한 곳이다. 이렇듯 경사지를 활용하면 땅의 가치가 올라갈 수 있으니 이 점도 꼭 기억하기 바란다. 하지만 현장방문 시 불필요하게 토목공사비용이 많이 드는 경사지라면 한 번 더 생각해봐야 한다. 이런 경우 토목설계업체를 찾아가서 대략적인 공사내용과 비용을 먼저 알아보는 것이 좋다.

④ **도로접면**(도로접합/단절)

모든 땅이 4m 도로에 접해 있지는 않다. 앞서 말한 것처럼 4m 이상의 도로에 접해 있지 않은 구도심에 위치한 땅들이 많이 존재한다.

이런 땅에도 50㎡ 미만의 주택은 지을 수 있다(50㎡ 미만의 주택은 주차대수가 0대다). 이런 대지에 건물이 존치되어 있다면 건물을 리모델링하거나 재축하는 것이 신축하는 것보다 더 현명한 선택이 될 수 있다.

⑤ 인입공사 여부

도시에서만 살던 사람들은 매입할 토지에 전기 및 상수도 설비 유무를 확인하지 않는 경우가 많다. 전기나 상수도는 당연히 문제가 없다고 생각한다. 하지만 도시 외곽은 상황이 다르다. 따라서 전기 및 상수도가 없는 땅에는 인입비용을 미리 계산해두어야 한다.

전기는 한국전력공사에 알아 보고, 상수도는 상수도사업부에 문의해야 한다. 아니면 주변 전문업체에 연락해 대략적인 비용을 듣고 토지 구매 여부를 결정해야 한다.

특별히 제주지역 같은 경우에는 건축공사비보다 인입비용이 더 드는 경우가 종종 발생한다. 이리지리 알아보는 것이 귀찮다면 우선 옆 건물에 사는 이웃에게 물어보면 바로 확인이 가능하기도 하다. 특정지역의 땅값이 지나치게 저렴한 데는 다 이유가 있으니 주의하자.

3. 수지분석

이 책은 단독주택, 상가주택 등의 소규모 건축을 하고자 하는 일반인을 위한 책이다. 일반적으로 디벨로퍼나 건축 PM이 수익 부동산의 사업성 검토와 함께 수지분석표를 작성하는 데, 사업성을 분석하는 수지분석은 땅을 매입하기 전 의사결정에 큰 도움이 된다.

신축뿐만 아니라 증축 또는 용도변경을 하는 리모델링의 경우에도 스스로 수지분석을 해봐야 한다. 수지분석은 자금을 조달하기 위한 계획이면서 사업비용과 예상 수익률을 통해 미래의 현금 흐름에 대한 분석이 가능하기 때문이다. 사업수지란 '수입 - 지출 = 이익'이 기본 틀이다. 수지분석을 통해 어떤 땅에 어떤 건축물을 지을지 사업성에 대한 판단이 설 것이다.

수지분석표를 작성해보면 수입항목에는 분양(임대)수입금이 있고 지출항목에는 토지 비용, 직·간접공사비, 판매비, 일반관리비, 세금, 금융비용(대출 및 수수료)이 있다. 수지분석은 총수입에서 총지출을 뺀 나머지 사업수익을 산출해보는 것이다.

수입항목의 분양(임대)수입금은 보통 세대별 분양(임대)가를 기준으로 계산하거나 전용면적을 기준으로 계산한다. 전용면적 × 평당 분양(임대)가를 산정한다. 각 층별 분양(임대)가는 조망권, 일조권, 엘리베이터 유무 등을 고려해 산정한다. 통상 기준층을 설정하고 높고 낮은 정도에 따라 차등을 둔다. 지출항목의 토지 비용은 토지 가격 + 중개수수료 + 취득세 + 등기수수료 + 기타 비용이고 용역비나 명도비 등도 있을 수 있다.

토지 비용이 전체 사업비에서 차지하는 비중이 높기 때문에 토지 매입단가의 결정이 사업성에 큰 영향을 준다. 토지 매입대금이 높은 경우 사업성을 위해서 분양(임대)가와 용적률을 높여야 한다. 그러나 용적률은 관련 법률의 제한을 받기 때문에 임의로 조정이 불가능하다.

분양(임대)가를 높이면 조기에 완판이 어려워지므로 분양(임대)률 달성에 어려움을 겪는다. 결국, 수익성 있는 사업을 위해 무엇보다 토지 비용 절감에 전력을 다해야 한다.

여기서는 전문가들의 수지분석표 대신 임대를 중심으로 한 간편 수지분석표를 가지고 건축물 수지분석의 예를 들어 설명하겠다.

예시의 건물은 일반상업지역에 위치한 5층 상가주택이고 토지와 건물의 매입비가 15억 원이다. 이 상가주택을 매입하면서 든 15억 원 이외에 기타 개발비용은 약 2억 원이다. 기타 개발비용은 리모델링 비용, 은행이자, 취등록세, 중개수수료 등이 있다. 간편 수지분석표는 이런 내용들을 예상해서 기입하면 된다. 그러려면 대략적인 리모델링 비용, 은행 이자율 및 대출 금액 등을 파악해야 한다.

각 층별 임대보증금과 월세 총수입은 보증금 1억 1,000만 원, 월세 420만 원이다. 아직 비어 있는 상가라면 주변 중개사무소에서 예상 임대료를 물어보고 추정해봐야 한다. 아무튼 이것을 임대수익률로 계산하면 약 2.6% 정도의 수익률이 발생한다. 그렇다면 괜찮은 수익인가? 아니다. 앞으로 은행 이자율이 계속 오르면 수익률은 더 떨어질 것이다. 그런데 왜 이 건물을 매입했을까?

주변 상권과 주거환경의 변화요인이 있기 때문이다. 이곳은 온천으로 유명한 온천장과 부산대를 중심으로 상권이 더욱 활성화되고 있고 이미 주변에 아파트로 둘러싸여 있다. 더욱이 지금도 4,000세대의 아파트를 더 짓고 있다. 주변 환경 변화로 인해 가격상승이 더욱 기대되기 때문에 매입한 것이다.

이처럼 숫자로 말할 수 없는 부분도 존재한다. 그럼에도 불구하고 수지분석을 하는 이유는 최소한의 안전장치가 되기 때문이다. 지나치

부산시 금정구 장전동 000-00 개발 프로젝트

토지개요   지역 : 일반상업지역

토지비

지번	평수(평)	건폐율(%)	용적률(%)	건축면적(평)	연면적(평)	주차대수	토지+건물 매입비
00 (대지)	59.59	74%	353%	43	195.8	5	1,500,000,000
00 (도로)	6.95						
합계	66.54						1,500,000,000

기타개발비용(원)

건물멸실비	토목설계비	토목공사비	건축설계/감리비	건축공사비	은행이자(연)	소계
-				100,000,000	33,600,000	133,600,000

취득취세	종개수수료	농지전용부담금	PM용역비	인원처리비	보존등기비	기타용역비	소계
62,000,000	13,000,000	-	-	-	-	-	75,000,000

			합계	208,600,000

개발수입(임대 시)

층수	건축규모(평)	세대	보증금(원)	보증금총수익(원)	월세	월세총수익(원)
지하1층(공실)	28.3	1	10,000,000	10,000,000	300,000	300,000
1층(세탁소)	24.7	1	30,000,000	30,000,000	700,000	700,000
2층(사무실)	43	1	20,000,000	20,000,000	900,000	900,000
3층(사무실)	43	1	10,000,000	10,000,000	700,000	700,000
4층(사무실)	43	1	10,000,000	10,000,000	700,000	700,000
5층(주거 임대)	42.1	1	30,000,000	30,000,000	900,000	900,000
수입총계				110,000,000		4,200,000

임대수익률 = $\dfrac{\text{월세} \times 12 - \text{대출이자}}{\text{개발총비용} - \text{전세보증금} - \text{대출원금}}$ = $\dfrac{16,800,000}{648,600,000}$ = 0.026

임대수익률 = 0.026

대출원금 950,000,000

게 낮거나 높은 수익률에는 나름의 이유가 있다. 그 이유를 분석해야 하는데 각종 통계지수를 분석하고 현장에서 그 이유를 찾아야 한다(랜드북 같은 프로그램을 활용해도 좋다).

작은 커피점 하나를 오픈하더라도 주변의 유동인구, 같은 업종의 유무, 예상되는 하루 매출 등을 분석해서 임대매장을 찾는다. 그런데 아무리 분석하고 찾아 헤매도 높은 임대료 때문에 좋은 위치의 매장을 임대할 수 없다면 어떻게 할 것인가?

그때는 숫자로 말할 수 없는 부분을 찾아야 한다. 독특한 콘셉트, 월등한 커피 맛, 구석에 있는 매장이라도 찾아오게 만드는 마케팅 전략 등을 고민하는 것이다. 이것은 숫자로 말할 수 없다. 하지만 여전히 수지분석과 입지분석은 해야 한다. 실패의 확률을 줄이는 최소한의 안전장치고 사업에 대한 환상을 현실로 만들어주는 지표이기 때문이다. 소상공인시장진흥공단 홈페이지(https://semas.or.kr)에 들어가면, 기본적인 입지분석 자료를 받아볼 수 있으니 꼭 참조하자.

리모델링 비용을 줄이는 건물 매입 상식

리모델링은 '건축물의 노후화 억제 또는 기능 향상 등을 위해 대수선 또는 일부를 증축하는 행위'를 말한다. 일반적으로는 기존 골조를 최대한 살리고 나머지 부분의 공사를 모두 진행하는 것을 통틀어 일컫는다.

리모델링과 신축의 결정적 차이는 '기초공사와 골조공사의 진행 여부'에 있다. 주어진 건축 여건이나 지역 등에 따라 어느 편이 유리할지는 꼼꼼하게 따져봐야 한다. 리모델링과 신축의 비용 차이가 크지 않은 경우도 많아 단순히 예산을 아끼겠다는 생각으로 리모델링에 접근하면 위험하다.

건물을 리모델링할 때는 준공연도부터 살펴보자. 건물 상태가 이미 상당한 시간이 흘러 낡거나 부식된 골조, 설비에 문제가 생길 수 있으므로 꼼꼼히 살핀 후 매입해야 한다.

공인중개사의 소개로 좋은 입지의 건물을 매입했지만 막상 리모델링을 시작하면 실질적인 기능 면에서 많은 문제를 발견한다.

오래된 건물의 경우 뜯어봐야 알 수 있는 경우가 많다. 따라서 시공비를 여유 있게 잡아야 한다. 차라리 새로 짓는 것이 낫겠다는 생각이 들 정도로 공사예산이 초과하는 경우도 있다.

설비, 냉난방 시스템의 효율성, 단열문제, 누수 및 방수와 관련된 부분뿐만 아니라 건물 전체의 주요 구조가 문제가 되기도 한다. 계약서에 첨부한 입지와 건물 상태의 조건에 대해 공인중개사의 설명을 듣고 확인 사인을 한 후에는 이 부분에 대해 더 이상 말할 수가 없다.

건물을 매입하기 전에 건물 상태에 대한 꼼꼼한 확인이 필요하다. 정확한 판단이 어렵다면 건축가에게 건물 상태를 먼저 확인하고 진단을 받는 것도 좋다. 건축 지식과 정보를 충분히 수집해서 분쟁이 발생하지 않도록 대비해야 한다. 물론 새로 짓거나 전체를 리모델링할 경우에는 건물 상태의 조건이 덜 중요하다.

분쟁 없는 건축을 위한 건축주 학교

1. 사전조사

(1) 건축물 정보

공시지가/실거래가	토지이력·특성	건축물정보
※ 해당 자료는 참고자료로서 법적 효력이 없으며, 자세한 사항은 건축물대장을 통해 확인하여 주시기 바랍니다.		

소재지	부산광역시 금정구 장전동			
대장종류	건물명		건물동명	주용도
일반건축물(주건축물)				근린생활시설,단독주택

건축물정보	건축면적(㎡)	연면적(㎡)	용적율산정용 연면적(㎡)	건폐율 (%)	용적률 (%)	사용 승인일자
	144.94	0	696.71	73.52	353.39	1993-02-03

층별현황	구분	층별	구조	용도	면적(㎡)
	지하	지1층	철근콘크리트조	근.생(다방)	93.69
	지상	1층	철근콘크리트조	근.생(소매점)	81.72
	지상	1층	철근콘크리트조	주차장	49.07
	지상	2층	철근콘크리트조	사무소(근린생활시설)	76.95
	지상	2층	철근콘크리트조	제2종근린생활시설(학원)	65.23
	지상	3층	철근콘크리트조	근.생(사무소)	142.18
	지상	4층	철근콘크리트조	근.생(예능계강습소)	142.18
	지상	5층	벽돌조	주택	139.38

출처 : 토지이음

먼저 토지이음(www.eum.go.kr)에 들어가서 리모델링하려는 건물의 주소를 입력한다.

좌측 하단의 건축물 정보를 클릭하면 구매하고자 하는 건축물의 정보를 확인할 수 있다(물론 세움터(www.cloud.eais.go.kr) 등에서 건축물대장으로 발급받아 확인하는 것이 더 정확할 수 있다).

건축물 정보
- 주 구조 : 철근콘크리트조, 벽돌조
- 건축면적 : 144.94㎡
- 용적률산정용 연면적 : 696.71㎡
- 건폐율 : 73.52%
- 용적률 : 353.39%
- 사용승인일자 : 1993년
- 층별 현황(구분, 층별, 구조, 용도, 면적)

※ 용적률 산정용 연면적
용적률 산정 시에는 다음의 용도에 해당하는 면적은 제외한다.
- 지하층의 면적
- 지상층의 주차장으로 쓰이는 면적
- 건축물의 경사지붕 아래에 설치하는 대피공간의 면적
  즉, 연면적에서 위의 3가지 면적을 제외하면 용적률 산정용 연면적이다.

주 구조는 철근콘크리트조, 철골조, 조적조(벽돌조, 블록조, ALC), 목조(경량, 중목) 등 많은 구조가 있다. 대부분의 저층형 노후건물은 구조적으로 불안한 조적조이지만, 이 건물은 비교적 안전한 철근콘크리트조로 되어 있다.

블록조 건물은 조금 더 꼼꼼하게 건물 상태를 확인해봐야 한다. 단층건물의 경우는 어느 구조라도 큰 문제가 없지만, 2층 이상의 40년 이상 된 조적조(블록조) 건물이라면 신축을 함께 검토해야 한다.

앞서 말한 것처럼 건축물 사전조사에서 건폐율·용적률을 살펴보면서 최대 증축 가능한 면적을 확인할 수 있다. 또 건물 주변에 어떤 용도의 공간이 더 필요한지 수요를 검토하면서 각 층별 용도변경의 여부를 확인해봐야 한다.

물론 증축이나 용도변경을 계획하는 경우에는 주차대수 산정까지 동시에 이루어져야 한다. 앞에서 설명한 건물의 경우 일반상업지역이라 건폐율이 60%이나 용적률은 1,000%다. 따라서 주차대수만 더 늘릴 수 있다면 증축이 얼마든지 가능하다. 하지만 증축 시 주차대수를 늘리는 것이 현실적으로 어려운 상황이다.

신축 vs 리모델링

도심 속 주택가에 오래된 건물을 한 채를 매입했다면 '건물을 그대로 살릴 것인지, 철거 후 신축을 할 것인지'에 대한 고민을 건축주라면 누구나 하게 된다. 이 책에서는 더 나은 결정을 위해 꼭 짚고 넘어가야 할 것만 정리하고자 한다.

신축이냐, 리모델링이냐에 대한 고민은 건물 매입 단계에서 꼭 필요한 부분이다. 건물을 매입한 후에 리모델링을 할지 신축을 할지 고민하면 많은 시간과 비용을 허비하게 될 수도 있다. 리모델링과 신축은 분명 시간과 비용의 차이가 있다.

신축은 가족 구성, 취향, 생활방식 등에 맞추어 평면구성과 디자인이 자유롭다. 하지만 리모델링에 비해 기초 및 골조공사 비용과 건물 멸실 비용이 추가된다. 또 설계부터 인허가, 시공기간, 공사비용 등 모두 절차가 리모델링 대비 1.5배가량 더 소요된다. 따라서 매입 단계부터 정확한 판단과 결정이 이뤄지지 않으면 많은 시간과 비용이 발생할 수 있다.

실제로 어떤 사람은 건물부터 덜컥 매입해놓고 예산 부족으로 오랫동안 건물을 방치하기도 한다.

건물을 리모델링하면 요즘에 보기 힘든 건축자재, 구조 등으로 과거 건축물의 독특한 디자인과 가치를 되살려 개성을 표현할 수 있다.

그러나 30년 이상 된 건물의 경우 벽식구조로 된 조적조 건물일 가능성이 많아 구조 및 단열보강이 필수다.

리모델링은 구조변경이 어려운 건물 등 여러 가지 변수가 많다. 매입 단계부터 공사 수준을 정확히 판단하고 결정할 수 있도록 주요 점검 내용을 소개하면 다음과 같다.

증축의 규모

기존 건물만큼 증축의 규모가 크거나 수평증축보다는 수직증축을 많이 하게 되면 리모델링보다는 신축이 더 나은 선택일 수 있다. 하지만 무조건 옛날 건물의 레트로 감성을 살려야 한다면 당연히 리모델링을 해야 한다.

한옥이나 붉은벽돌의 주택에서 오래된 건물의 공간이나 감성을 되살려 옛것에서 새로움을 발견할 수 있다. 그러나 모든 건물이 추억을 살릴 만한 옛 감성을 주는 것은 아니기에 지나치게 많은 구조보강을 필요로 한다면 신축이 낫다.

하지만 건축법상 신축을 지을 경우 대지경계선, 주차대수 등의 문제로 기존 건물보다 더 적은 공간이 나온다면 리모델링을 선택해야 한다. 어떤 경우는 신축보다 증축이 더 크고 실용적인 건물을 만들 수 있는 것이다. 그래서 미리 배치도를 그려보는 훈련이 필요하다.

서울, 부산 등의 상권 중심지에 노후건물이 많은 이유가 바로 여기에 있다. 즉, 신축을 지을 경우 1층의 활용도가 떨어지고 기존 건물보다 건물의 크기는 오히려 줄어들 수도 있기 때문이다(물론 맞벽 건축은 철거가 쉽지 않은 이유도 있다).

건물연수

보통 조적조 건물의 수명은 최대 60년, 철근콘크리트 건물의 수명은 최대 80년 정도를 예상한다. 건물상태에 따라 다른 해석을 할 수도 있지만, 보통 리모델링 시기는 조적조 건물은 준공 이후 최대 40년 이내, 철근콘크리트조 건물은 준공 이후 최대 60년 이내다.

리모델링 이후 건물 수명은 보통 20년 정도 더 늘어난다고 가정할 수 있다. 하지만 건물의 수명은 준공 당시 얼마나 견고하게 지어졌는지, 지금까지 얼마나 관리를 잘했는지에 따라 더 늘어나기도 하고 줄어들기도 한다.

건물구조

신축 또는 리모델링의 결정에서 가장 중요한 부분은 건물구조에 대한 점검이다. 건물구조를 알면 공사비 절감에 많은 도움이 된다.

구조변경이 유리한 건축구조가 있다. 구조변경이 필요한 건물의 경우 먼저 건물구조를 확인한 다음 신축을 할지 리모델링을 할지 결정하면 좋겠다.

출처 : 저자 작성

기둥, 보로 이루어진 기둥구조의 벽체는 힘을 받지 않는 비내력벽이다. 따라서 얼마든지 벽 철거가 가능하다. 벽식구조의 벽체는 기둥과 보의 역할을 하는 내력벽이다(내력벽은 위층의 무게를 지탱하는 벽체다). 따라서 함부로 벽을 허물 수 없다.

대부분의 조적조 건물은 벽식구조인데 조적조 건물에 수직증축은 안전문제로 인해 가급적 피해야 한다.

2층 이상 건물의 경우 증축이나 대수선을 한다면 내진설계를 동시에 해야 하고 증축 또는 대수선을 위해서는 H빔 등으로 구조보강이 필요해 사실상 구조체가 조적조에서 철골조로 바뀌게 된다.

정리하면, 증축이나 대수선 작업에서는 철근콘크리트, 철골로 만든 기둥구조가 효율적이다. 벽식구조는 대수선을 위해 많은 구조보강 작업이 필요한 비효율적인 구조다. 물론 구조보강이 이루어지면 얼마든지 리모델링할 수 있다.

주차장
50㎡ 이상의 면적을 증축하려면 추가로 주차장을 만들어야 한다.

그런데 1층에 주차장을 설치할 공간이 없다면 건물 안에 주차장을 설치하거나 건물을 일부 철거 후에 주차장을 설치해야 하는 경우도 발생한다. 이런 경우에도 신축이 더 효율적일 수 있다.

1층 면적이 줄어들면 임대수익도 함께 줄어든다. 이런 경우는 승축은 세외하고 대수선만 하는 것이 더 현명한 선택일 수 있다. 증축에서 주차대수와 주차장 위치는 계속 신경 써야 할 부분이다.

(2) 건축물 현장 확인사항

만약 리모델링하기로 결정했다면 공사비용이 가장 많이 드는 공정을 중점적으로 한 번 더 살펴봐야 한다. 건물 매입 시 매입가격을 흥정하기 위한 수단으로 사용될 수도 있고 리모델링 예산 산정에 도움이 되기도 한다.

건축물 사전 확인사항 이외의 공정들은 공사비 비중이 적어 사전 확인사항에서 제외했다.

① 준공연도 및 건물구조(건축물 현황도면)

앞서 서술한 건물의 준공연도와 건물구조는 가장 먼저 확인해야 할 사항이다. 건물은 리모델링해서 20년은 더 재사용할 수 있는지 없는지를 판단하는 것이 중요하다. 40년 이상 된 조적조, 60년 이상 된 철근콘크리트조 건물은 가능하면 신축에 중점을 두고 살펴봐야 한다.

리모델링은 우선 건축물 현황도면 유무를 확인해야 한다. 건축물대장만 있고 건축물 현황도면이 없는 건물은 건물의 면적만 표기되어 있고 배치도와 평면도가 없다. 단층건물의 대수선 공사의 경우, 인허가 여부를 판단하는 데 중요한 정보가 되기도 한다.

현재 건물의 구조가 자신이 원하는 공간 구조를 만들 수 있는지 꼼꼼히 확인해야 한다. 만약 원하는 공간 구조가 나오지 않는다고 판단되면 벽을 허물고 세우는 대수선 공사를 해야 한다.

대수선 공사는 수선 공사보다 많은 시간과 비용이 소요된다. 대수선은 수선에 비해 철거 ⇨ 구조보강 ⇨ 벽체신설 ⇨ 전기/설비/난방시공 ⇨ 마감시공 등의 공정들이 추가되기 때문에 생각했던 예산을 초과할 가능성이 높다.

② 지붕의 형태 및 방수상태

경사지붕의 경우 지붕마감재는 보통 징크, 슁글, 기와(시멘트/금속) 등으로 시공되어 있다. 지붕마감재의 상태가 좋지 못하다면 새로 지붕을 재시공할 것을 각오하고 건물을 매입해야 한다.

출처 : 저자 작성

특히 지붕이 석면이 포함된 기와나 슬레이트로 되어 있는 경우 지붕을 철거할 때는 석면 해제 작업도 별도로 진행해야 한다.

평지붕의 경우 방수 여부를 확인하고 방수가 되어 있다면, 어떤 방수재료를 사용했는지 확인해야 한다. 만약 방수가 되어 있지 않거나 수성우레탄으로 시공된 경우에는 유성우레탄(폴리우레탄)으로 재시공해야 할 수도 있다.

③ 1층 바닥의 상태

지상 위에서 생기는 누수나 결로는 어떤 경우이든 해결할 수 있다. 그러나 지하에서 생기는 건물의 하자는 새로 건물을 짓지 않는 한 쉽게 해결하기 어렵다.

기초가 약하거나 바닥에서 올라오는 습기 등의 문제는 대공사를 피하기 어렵고 문제가 완벽하게 해결되지 않을 수 있다. 이중벽, 바닥배수, 집수정 등으로 해결할 수도 있지만, 건물구조에 따라 쉽게 선택할 수 있는 문제는 아니다. 그래서 1층 바닥의 상태를 잘 살펴봐야 한다. 다른 층 바닥과 달리 바닥에 물기가 많다면 우선 의심해봐야 한다.

④ 새시의 상태(유리 포함)

새시의 상태를 확인하는 것은 곧 새시틀과 유리의 종류를 확인하는 것이다. 새시는 주거공간에서 외벽단열재보다 단열에 더 중요한 기능을 한다.

새시는 단창인지, 이중창인지 먼저 확인하고, 유리가 페어유리인지, 판유리인지 확인한다. 새시의 디자인, 크기, 위치가 문제라면 교체를 해야겠지만, 그대로 존치하기로 했다면 새시틀 및 유리의 종류를 확인해보자. 보통은 이중창에 22㎜ 이상 페어유리로 시공하는 것이 일반적이다.

⑤ 전선 상태

건물 전체의 전선 상태는 현관에 있는 분전반(두꺼비집)을 보면 쉽게 확인할 수 있다. 노후건물의 경우에는 분전반뿐만 아니라 전선관조차 제대로 시공되지 않는 경우가 대부분이다. 최근 시공한 건물

노후 분전반

출처 : 저자 작성

이 아니라면 당연히 전선 및 전선관을 새로 교체해야 한다. 아파트 공사처럼 콘센트/스위치 커버만 교체해서 해결되는 문제가 아니라면 분

전반 및 전선 모두를 재시공해야 누전의 위험에서 벗어날 수 있다.

⑥ 상하수도 상태(정화조 등기)

상수도 누수의 확인은 전체 물을 잠근 후에도 수도계량기가 계속 돌아가는지 살펴보면 된다. 하수도 누수의 경우는 매입 희망자가 잠시 집을 보고 쉽게 확인하기는 어렵다. 보통 벽체나 바닥 누수의 흔적으로 추적해야 한다.

누수가 없는 경우라면 상하수도 상태 점검 내용은 비교적 단순하다.

물을 틀어 보고 물이 잘 나오는지, 그 물이 잘 배수가 되는지만 확인하면 된다. 노련한 주부들이 집을 보러 다닐 때 가장 먼저 확인하는 것이 바로 수압과 배수인 이유가 여기에 있다.

또한 정화조가 건축물대장에 등기되어 있는지를 확인해야 한다. 현장에 정화조가 있지만, 건축물대장에는 등기되지 않은 경우가 종종 있다. 이런 경우 정화조를 다시 묻어야 하는 상황이 벌어질 수도 있으니 주의해야 한다. 물론 하수종말처리시설이 이미 마무리된 지역의 건물인 경우에는 정화조는 신경 쓸 필요가 없다.

⑦ 난방상태(도시가스 유무)

구조변경을 하는 경우에는 굳이 난방상태를 점검할 필요가 없다. 어차피 난방공사를 새로 해야 한다. 그러나 구조변경 없이 수선만 하는 경우라면 난방상태의 확인은 필수다. 특히 PVC파이프나 PB파이프가 아닌 동파이프로 난방 시공된 주택은 반드시 교체 시공을 해야 한다.

도심을 벗어나 조금만 눈을 돌리면 대부분의 지역에서 태양열 난방을 많이 사용한다. 다른 이유가 있는 것이 아니라 도시가스를 공급받지 못하는 지역이기 때문에 비용을 절감하기 위해 태양열로 난방을 보완하는 것이다.

도시가스가 설치된 대부분의 도심 건물은 도시가스로 난방을 한다. 다른 에너지원에 비해 비교적 적은 비용이 드는 도시가스가 설치되었는지를 확인하는 것도 필수사항이다.

(3) 대수선을 위한 확인사항

① 구조변경

아파트가 기성제품이라면 주택은 내 마음대로 지을 수 있는 수제품이다. 그래서 더욱 건축주의 많은 관심과 노력이 필요하다. 집을 본 후 '면적은 넓지만, 공간 구조가 적절하지 않아 불편해보인다', '요즘 트렌드에 맞지 않는 옛날 구조인 데다 생활하기에 애매하다'라는 생각이 들었다면 구조변경이 필요한 경우다.

구조변경을 하기로 결정한 경우에는 리모델링 설계를 진행해야 한다. 현장실측을 하고 평면을 구상해 나가면 새로운 공간이 탄생한다. 집의 구조를 변경할 때는 기초와 벽체를 튼튼하게 보강하면서, 불필요한 벽체는 철거해야 한다.

가족구성원의 편안하고 안락한 공간을 만들기 위해 벽의 배치만 달리해도 새로운 공간이 만들어진다. 수선의 범위 안에 든다면 인허가절차를 거치지 않아도 되지만, 대수선이라면 시청이나 구청에 행정적 절차를 거쳐야 한다.

② 내진설계(구조안전)

2층 이상의 건물이라면 내진설계도 함께 진행해야 한다. 내진설계 이후 건물의 주 구조가 벽돌조에서 철골조로 바뀌는 경우도 종종 발생한다.

사실 대수선의 범위를 정확하게 알고 시작하면 좋겠지만, 평면 설계가 나오기 전까지는 대수선의 여부와 범위를 정확히 알 수 없다. 그리고 실제 현장에서는 대수선의 범위가 애매한 경우가 종종 발생한다.

내진설계 기준
2층 이상 또는 연면적 200㎡ 이상 또는 높이 13m 이상

(4) 증축을 위한 확인사항

① 건폐율·용적률

'국토의 계획 및 이용에 관한 법률'에 따라 건폐율·용적률은 비율이 정해져 있다. 특별히 각 지방자치 조례에 따라 건폐율·용적률의 비율이 정해져 있기 때문에 이를 기준으로 살펴봐야 한다.

건폐율·용적률 확인은 증축을 하기 위해 제일 먼저 살펴봐야 할 사

항이다. 소규모 건물에서 용적률이 부족한 경우는 거의 없다. 대부분 건폐율이 부족해서 수평증축을 하지 못하는 경우가 발생한다.

② 주차장

건물의 대부분이 주차대수 때문에 더 이상 증축하지 못한다. 지하주차장이 없는 소규모 건축물의 1층 공간에 차량 1대의 주차장을 더 확보한다는 일이 생각보다 쉬운 일이 아니다. 임대수익률을 높이기 위해 1층 공간에 주차공간을 추가로 확보하고 수직증축을 하는 경우가 있다. 하지만 소규모 건축물은 가급적 주차대수를 늘리지 않는 선에서 증축해야 한다.

단독주택의 경우에는 50㎡ 미만의 면적은 주차대수 증설 없이 증축이 가능하다. 또한 용적률에 반영이 안 되는 다락방을 만드는 것도 하나의 방안이 될 수 있다. 경사지붕을 이용해 다락방을 만들면 생각보다 유용한 공간이 된다.

③ 일조권 확보

주거지역인 경우에는 일조 등의 확보를 위한 건축물의 높이 제한 때문에 증축 설계가 쉽지 않은 경우가 있다. 물론 증축되는 공간의 모양이나 규모가 달라질 수 있다는 것이지 불가능하다는 이야기는 아니다.

앞서 설명한 건축법을 다시 한 번 살펴보면서 우리 건물의 증축 가능 여부를 판단해보자.

(5) 용도변경을 위한 확인사항

① 주차대수

기존 건물을 용도변경하기 위해서도 주차대수 산정은 필수다. 앞에서 이야기한 것처럼 건물의 용도에 따라 부설주차장 산정기준이 다르다.

건물을 매입하고 리모델링하기로 결정한 경우에는 건물의 새로운 용도를 정하고 용도에 따른 주차대수 산정기준을 확인해야 한다.

따라서 증축이나 용도변경을 고민한다면 건물을 매입하기 전에 주차대수부터 산정해보고 내입을 결정하는 것이 좋다.

② 허가/등록/신고 업종 확인

업종에 따라 허가/등록/신고를 하게 된다. 특별히 허가나 등록이 필요한 업종은 건물의 용도가 업종에 맞아야 하고 건물에 불법적 요소도 없어야 한다. 하지만 신고만 해도 되는 업종은 이 부분에서 비교적 자유롭다.

건물을 매입하고 사업을 시작하려는데 매입한 건물에서 허가나 등록을 못 받는 경우가 생길 수 있으니 이 부분은 미리 구청(군청) 또는 중개사에게 확인하고 결정해야 한다.

③ 관광진흥법상 관광숙박업(소방법)

건물 매입의 목적이 호스텔 같은 숙박업으로 영업을 하기 위한 경우가 늘고 있다. 하지만 건물의 위치에 따라 숙박업을 허가받지 못하는 경우도 종종 있다. 특히 소방법에 따라 살펴봐야 할 사항이 많다. 스프링쿨러, 드렌처설비 등의 소방시설을 설치해야 하는데, 건물의 위치나 규모에 따라 많은 비용이 들기도 한다. 전용수조 설치 때문에 발생하는 하중 문제로 설치를 하지 못하는 경우도 종종 발생한다.

이처럼 건축주는 부동산 매입 단계부터 많은 것을 살펴봐야 한다. 건축주 스스로 기본적인 정보를 확인하고 직접 발로 뛰어야 한다.

신축은 땅에 대한 정보만 조사하면 되지만, 리모델링은 건물에 대한 정보까지 꼼꼼히 파악해야 한다. 땅을 매입하기 전 수지분석이나 금융, 건축법, 세무 등에 대한 정보는 필수로 체크해야 한다. 좋은 건물을 짓기 위한 노력이 설계와 시공단계에서만 필요한 것이 아니다.

무작정 땅부터 매입하고 어떤 시작도 하지 못한다면 그것이야말로 피해야 할 일이다. 다시 한 번 말씀드리지만 이런 일이 힘들다고 느껴진다면 부동산 투자는 포기하고 이미 모든 것이 갖추어진 아파트를 매입하는 것이 현명하다.

공공지원사업

주차장 구청 지원(담장허물기)
지자체별로 '담장허물기' 사업이 시행되고 있다. 담장을 허물어 내 집 앞에 주차장을 만들면 담장 철거비용을 지원해주는 것이다.
만약 담장을 허물고 주차장을 만들 계획이라면 구청 등 지자체에 문의해보자.

지붕철거 구청 지원(석면지붕)

석면이 섞인 지붕재를 철거하면 철거비용을 지원해준다. 이 역시 구청 등의 지자체에 문의해보자. 보통 구청 지원사업은 연초에 예산이 소진되는 경우가 많기 때문에 미리 확인해보는 것이 좋다.

물탱크 철거 지원(상수도사업부)

5층 이하 주거건물은 물탱크 철거를 지원해주는 사업이 있다.
이는 상수도사업부에서 지원하는 사업이니 미리 확인해보면 좋겠다.

이 모든 지원사업에서 받는 금액은 그리 크지 않지만, 잠깐의 수고로 수백만 원을 지원받을 수도 있으니 참고하자.

3교시

건축 설계 단계

설계업체 선정은
어떻게 할까?

설계업체 선정은 시공업체 선정만큼 중요하다. 설계에 따라 집의 가치가 달라지고 살아가는 동안 계속 그 가치를 느낄 수 있기 때문이다. 건축주의 가장 큰 고민은 설계를 어디에 맡겨야 할지, 설계에 따른 시공은 어떤 곳을 설정할지다.

설계는 전문지식과 경험, 미적 감각이 필요하기 때문에 초보 건축주가 모든 것을 주도해 결정하기란 어려운 일이다. 건축 설계에 대해 알 만한 사람들에게 여러 자문을 구해보는 것도 좋지만, 그리 고급 정보를 얻기는 쉽지 않다. 대개 초보 건축주는 건축박람회에 방문하거나 이름이 알려진 유명한 건축가를 직접 찾아간다.

그러나 유명한 건축가를 찾아가는 것보다 중요한 것은 건축가가 어떤 종류의 건물을 주로 설계해왔는지와 어떤 설계분야에 경험이 많은지다.

건축주는 설계자의 경력을 확인하고 실제 시공현장을 방문해야 한다. 그 동안의 설계 경험을 보여주는 포트폴리오를 먼저 검토하는 것이 중요하다.

좋은 설계가 좋은 집을 만든다는 것은 불변의 진리다. 건축가는 콘셉트를 정하고 큰 뼈대를 구상해 건축주의 취향과 요구사항을 반영할 수 있어야 한다.

건축주의 요구에 문제가 있는 경우에는 새로운 대안을 제시하기도 하고 기본 설계안을 개선해 최종안을 도출해야 한다.

건축은 인간이 생활하는 데 필요한 다양한 형태의 기능을 제공한다. 건축은 구조적으로는 안전하고 미적으로는 아름답고 쾌적한 공간을 이루어내는 종합예술행위다. 좋은 건축물은 구조, 기능, 아름다움이라는 3요소와 합리적인 예산 집행의 조화를 이루어져 만들어진다.

우리가 건축물을 새로 짓거나 수선할 때 '유용함'이라는 단어만큼 중요한 단어가 '아름다움'이다. 개인의 취향을 반영하고 그 끝에 어떤 결정을 내리는 것 자체가 결국에는 여러 사람의 협력을 통해 진행될 수밖에 없는 것이다.

(1) 신축 설계

일반적으로 신축 설계의 경우는 건축사에게 맡기는 것이 좋다. 건설업체 중에는 설계와 시공을 함께 하는 곳도 있지만, 보통 신축의 경우 설계와 시공은 분리되어 있다.

신축 설계 시 건축주가 어떤 건물을 어떻게 지을 것인지, 어떤 설계도면을 받고 싶은지 구체적으로 설명해야 좋은 설계가 나오고 이후 견적도 정확하게 받을 수 있다.

견적서는 건축주의 요구를 반영해 세부항목을 정하고 동일한 조건으로(건축설계도면, 자재사양, 시공방법 등) 가능하면 여러 곳에서 받아봐야 한다.

건축설계사무소에 설계를 맡기는 것은 가내수공업과 유사하다.

신축 설계를 시공사에 의뢰하는 경우 시공사에서 '설계도 같이 한다' 라는 말은 시공사 내에 설계사무소가 있다는 의미가 아니라 시공사와 협력 관계에 있는 설계사무소에서 인허가를 대신 내준다는 의미다.

소규모 건물을 짓는 업체는 설계와 시공을 같이 하는 경우가 많다. 소규모 주택의 경우에는 전문 시공업체에 설계를 같이 맡겨도 된다. 하지만 중요한 것은 설계를 건축사에게 맡기든 시공사에게 맡기든 그 업체가 그동안 어떤 경험을 했는지다.

주거공간, 상업공간, 사무공간, 공장, 병원 등 어떤 공간을 설계할 수 있는지가 아닌 어떤 공간을 집중적으로 많이 설계해봤는지를 검토해야 한다.

즉 특정 용도의 건물에 대한 전문성이 중요하다는 의미다.

만약 내가 주거공간을 건축한다면 주거공간을 전문적으로 설계한 설계사무소를 찾아가는 것이 현명하다.

그리고 건축가가 자신의 집을 직접 설계해서 살고 있다면, 주택의 장단점을 더 잘 반영해 설계할 것이다.

(2) 리모델링 설계

신축을 할지 리모델링을 할지는 건물 매입 과정에서 건물 상태 점검과 수지분석을 한 다음에 결정한다. 만약 신축을 한다면 멸실 절차부터 시작하면 된다. 리모델링도 처음에는 수선이나 대수선 정도의 공사를 예상한다. 하지만 막상 건물의 상태를 점검하고 설계를 진행하다보면, 계획과 달라지는 일이 종종 발생한다. 개축이나 증축을 해야 하는 등 공사 규모가 점점 커지는 것이다.

리모델링 설계를 잘하려면 설계자는 설계와 시공 모두 경험이 많아야 한다. 기존 건물 상태를 정확히 진단하지 않으면 공사계획에도 차질이 생기기 때문이다. 예상치 못한 추가공사로 비용과 시간이 더 많이 소요되기도 한다.

문제는 국내에 리모델링 전문가가 많지 않다. 국내 대학 과정에서 건축 관련 전공을 세분화해보면, 건축학(설계분야), 건축공학(시공/설비/구조 분야), 실내건축학(인테리어) 전공이 있다. 그런데 건축학 전공자는 건축 설계를 전문으로 하고 건축공학 전공자는 건축 시공을 주 업무로 한다. 실내건축학과를 전공하면 인테리어 설계와 시공을 함께 작업한다.

리모델링은 건축 관련 업무이기는 하지만, 건축 분야는 엄연히 설계와 시공이 분리되어 있다 보니 설계와 시공을 전부 경험한 전문가를 만나기가 어렵다.

인테리어는 설계와 시공을 함께 작업하고 있지만, 실내 마감재 위주의 작업이 중심이다 보니 공사 범위가 큰 리모델링의 공사에 대해서는 다소 부담스럽다. 뿐만 아니라 공사를 진행하기에도 경험적, 기술

분쟁 없는 건축을 위한 건축주 학교

적 한계가 있다. 따라서 건축 설계와 시공, 이 두 가지 능력을 두루 갖춘 리모델링 전문가를 잘 선정해야 한다.

건축주는 처음에는 비교적 문턱이 낮은 주변 인테리어 업체에 문의한다. 그런데 이야기를 하다 보면 업체에서 리모델링에 대한 경험도 부족할 뿐 아니라 관련 건축 법규에 대해서도 잘 모른다는 생각이 든다.

다음에는 건축설계사무소를 방문하지만 그곳에서 건축사는 '차라리 허물고 새로 지으라' 하고 말을 할 것이다. 리모델링에 대한 경험보다는 신축에 대한 경험이 많기 때문에 자연스럽게 나오는 이야기다.

사실 리모델링의 과정은 신축보다 까다롭고 어렵다. 그러면 과연 리모델링은 누구에게 맡겨야 할지 고민이 될 것이다.

우선 리모델링은 건축설계사무소를 찾아가는 것이 비교적 현명하다. 단 리모델링 경험이 있는 건축가를 만나야 한다. 아니면 리모델링을 전문으로 하는 시공사를 찾아가는 것을 추천한다.

전문건설업 중에서 리모델링업은 따로 없다. 비교적 리모델링과 가장 유사한 전문건설업은 실내건축업이다.

리모델링 PM(Project Management)을 전문으로 하는 업체도 있으니 참고하도록 하자. PM은 주로 건축에 필요한 모든 부분, 즉 부동산 설계, 시공, 임대 등에 대해 컨설팅을 해준다. 부동산 수지분석을 통해 최적의 공간을 만드는 리모델링 과정은 부동산업과 깊은 연관성이 있다.

(3) 인테리어 설계

인테리어는 대부분의 업체가 설계와 시공을 함께 진행한다. 인테리어 설계는 실내건축디자인 전문가가 설계와 시공을 함께 진행하는 업체를 방문하는 것이 좋다.

주거공간이나 상업공간 인테리어는 설계과정부터 완벽한 설계도면과 정확한 물량산출을 통해 견적서를 작성한다. 그러나 아파트는 설계과정 없이 바로 공사가 진행되기도 한다. 아파트 인테리어의 경우 평수 확인과 마감 재료만 선정하면 바로 견적이 나오기도 한다. 이렇게 견적서 비교도 없이 시공을 할 수 있는 이유는 마감재를 교체하는 정도로 범위가 작은 공사가 대부분이기 때문이다.

하지만 고급 아파트 중·대형 평수인 경우에는 상황이 다르다. 특화된 디자인 요소와 고급자재 선정으로 공사비용도 높다. 만약 시공 경험이 적은 업체가 맡을 경우 여러 문제가 발생할 수 있다.

특히 설계도면 없이 공사를 진행하는 경우 인테리어 디자인, 마감재 수준, 마감 디테일 등으로 문제가 발생한다. 그러므로 인테리어도 반드시 설계과정을 거치도록 하자.

(4) 설계업체 선정 기준

건축주는 어떤 기준으로 어디에 설계를 맡겨야 할까? 건축 설계, 리모델링 설계 그리고 인테리어 설계업체 중에서 어떤 곳을 선택해야 할까?

설계업체 선정에 정답은 없다. 그러나 다음의 내용을 잘 이해하고 업체를 선정한다면 큰 도움이 될 것이다.

① 설계업체의 포트폴리오가 가장 중요하다

설계업체는 내가 지으려는 용도의 건물을 전문으로 설계하는 업체인지 포트폴리오로 확인해야 한다. 만약 제대로 된 포트폴리오가 없다면 업체의 전문성을 의심해봐야 한다.

포트폴리오는 그동안 어떤 건물을 주로 설계했고 어떤 콘셉트로 디자인을 했는지 알 수 있는 자료가 된다.

② 책을 쓴 저자이거나 잡지에 자주 소개되는 건축가도 괜찮다

책을 한 번이라도 써 본 건축가라면 그만큼 자기만의 전문분야를 갖고 있고 건축에 대한 정리가 잘 된 사람이라고 볼 수 있다. 모든 저자가 설계를 잘한다고 볼 수는 없지만 최소한의 기초는 갖춘 사람일 가능성이 높다.

③ 건축가와 건축주의 자연스러운 대화는 매우 중요하다

사실 이름이 알려진 건축가는 설계비용이 다소 높을 수 있다. 다양한 방법으로 건축가를 찾아보고 선택할 것을 추천한다. 특히 건축주는 건축 설계자와 많은 이야기를 나누어 봐야 한다.

그러다 보면 설계자의 성격, 경험, 전문성을 가늠할 수 있게 된다. 건물은 기술로 짓는 것이 아니라 소통으로 짓는다고 해도 과언이 아니다. 건축도 결국 사람이 하는 일이기 때문이다.

건축가와 건축주의 끊임없는 의사소통이 좋은 건축물을 완성하는 것이다. 건축주도 건축에 대해서 충분히 알고 있어야 의견을 나눌 수 있다. 그럴 여유가 없다면 신뢰할 수 있는 건축가를 만나 100% 믿고 설계를 맡겨야 한다.

④ 건물 형태를 제대로 디자인하는 업체를 선정해야 한다

인테리어와 달리 신축과 리모델링(증축)은 기존의 건물이 없기 때문에 같은 설계도면을 보고도 건축가와 건축주가 서로 다른 생각을 할 수 있다.

그래서 동상이몽이 되지 않도록 3D 도면이나 모형 등을 통해 건축가와 건물 외형에 대한 의견일치를 봐야 한다.

실내공간 디자인에만 집중하다 보면 중요한 것을 놓치는 경우가 종종 발생한다. 건물 외부디자인을 제대로 표현하는 설계업체를 선정하면 분쟁의 소지를 줄일 수 있다.

앞서 언급한 선정 기준 외에 더 많은 기준들이 있겠지만 최소한 이 선정 기준에만 부합해도 좋은 건축가를 만날 수 있다.

설계도면 그리기

(1) 설계도서와 프로세스

설계과정은 그 자체로 즐거운 일이다. 가족이 새로운 집에 대한 공간 가능성을 발견하고 많은 대화를 나누는 계기가 된다.

가족구성원이 실제 집에서 어느 공간을 어떻게 사용할지를 정하고 동선을 고려해 설계에 참여한다.

좋은 설계의 시작과 끝에는 소통이 잘되는 건축가가 있다. 분쟁의 소지는 설계 단계에서 의사소통의 문제로도 발생하기도 하고, 시공 중 전혀 예상하지 못했던 시공상의 문제로도 발생하기도 하니 늘 변수가 많다. 건축주의 요구사항이 설계도면이나 시방서에 정확히 담겨야 설계도면을 보고 시공하는 시공사와의 분쟁도 줄어든다.

건축도면은 건축의 기본이 되는 밑그림이다. 그 종류에는 배치도, 평면도, 입면도, 단면도, 투시도, 조감도 등이 있다.

설계도면은 건축물의 형태를 일정한 비율로 축소해서 나타내고 있고 설계 내용을 약속된 기호로 표시한 공개된 문서다.

건축 설계도면이 어느 정도 완성되면 구조, 기계, 전기, 소방 도면을 그리게 된다. 건축 설계도면 이외의 도면은 각 전문 기술사들이 작성하는 기능적인 도면이므로 사실 건축가 결정해야 할 부분이 많지는 않다.

프로세스상 평면과 입면이 완성되었을 때 자재선택에 들어간다. 콘셉트에 맞게 공간을 만들고 스타일을 정하고 그것을 표현할 수 있는 것이 자재이기 때문이다. 자재선택을 통해 느낌을 구체화하는 것이다.

설계도면을 만들기는 어렵지만 보는 것은 그리 어려운 일이 아니다. 건축주가 요청한 내용이 잘 적용되었는지, 새롭게 추가하거나 변경할 부분이 있는지 자주 살펴보고 확인해야 한다. 설계상 애매한 부분에 대해 계약이나 착공 전에 명확하게 이해하고 특별한 문제가 없으면 시공 중에는 설계를 변경하지 않는 것이 좋다.

시공 중의 설계 변경은 추가비용이 발생할 뿐 아니라 쓸데없는 시간 낭비와 분쟁까지 초래한다. 책임 소재가 불명확할 경우 시공사와 마찰로 부실공사가 될 수도 있다.

건축주는 경제성과 효율성을 갖춘 집을 짓기 위해 필요한 아이디어와 정보를 모으는 데 게을리해서는 안 된다.

각 공정별 필요한 자재를 직접 선택하고 건축자재집도 만들어야 최종적으로 분쟁 없는 건축을 위한 설계도서가 완성된다. 또 최종 도면이 완성되기 전에 대략 가견적을 내야 주어진 예산 안에서 건축이 가능하다.

훌륭한 건축가는 똑똑한 건축주에 의해 만들어진다. 건축은 건축을 의뢰하는 건축주부터 설계를 담당하는 건축가, 시행사, 실질적인 건축을 담당하는 시공사 등 각 분야의 전문가들이 모이는 종합 프로젝트다.

대부분의 분쟁이 시공 전에 건축주와 시공자 간 합의된 공식적인 문서를 만들어 놓지 않아서 발생한다. 설계단계에서 필요한 문서로는 설계도서, 건축자재집, 견적서 등이 있다.

설계 단계 문서
실측도/배치도/평면도/전기조명도/내부입면도/외부투시도/건축자재집/
견적서

① 실측도(리모델링)

실측도

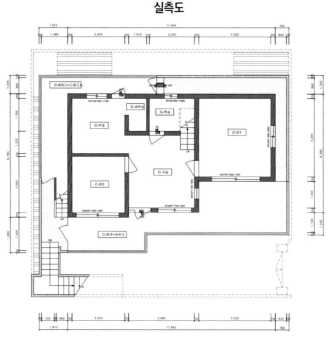

출처 : 저자 작성

리모델링에서 실측은 매우 중요하다. 기존 건물 공간을 꼼꼼하게 실측해서 실측 도면을 우선 만들어야 한다. 이 실측도를 기준으로 리모델링 설계의 모든 과정이 시작된다. 또한 실측과정 중에 건물의 여러 가지 문제점도 같이 살펴봐야 한다.

특히 구조적인 문제, 방결단(방수/결로/단열) 문제를 실측과정 중에 확인해서 평면도 작업 과정에서 충분히 반영해야 한다. 기존에 누수나 결로가 있었던 공간은 리모델링 이후에도 같은 문제가 발생할 확률이 매우 높다.

② 배치도(신축/리모델링)

배치도는 건축 배치 및 부지 전체를 파악하는 도면으로 땅 위에 건물이 어떻게 자리를 잡고 있는지를 그린 도면이다.

대지 위의 건축물의 위치와 방향, 대지와 도로의 관계, 도로의 너비, 주 출입구와 진입 방향 등을 표시한다. 이밖에도 부설주차장, 대지경계선 등을 표기한다. 건물을 시공할 때 제일 먼저 하는 작업이 기초공사이듯이 신축 설계에서 기초 작업은 배치도를 그리는 것이다.

배치도 그리기 전 확인해야 할 필수 내용
주택의 규모 즉 가족 수에 맞는 필요 공간(방 3칸, 욕실 2칸) 등을 정하면 주택의 규모가 어느 정도 결정된다. 그래서 배치도를 그릴 때는 평면을 함께 그리는 경우가 많다.

배치도

출처 : 저자 작성

배치도 그리기

① 신축할 건물의 규모(연면적)를 대략 정하고 주차대수를 먼저 계산해야 한다. 1층 상가면적 때문에 주차대수를 최대한 줄이고자 하면 건물의 규모(연면적)가 줄어든다. 연면적을 최대한 크게 확보하고자 하면 주차대수 산정에 따라 1층 면적이 줄어들게 된다. 따라서 연면적과 주차대수 산정의 관계를 계산하고 배치도를 그리는 것이 중요하다.

② 도로에서 건물로 진입하는 차량동선 및 주차장 배치를 잘 잡아야 1층 공간이 유용해진다. 전용주거지역과 일반주거지역의 경우에는 일조권 확보를 위한 이격거리를 정북 방향에서 측정한다. 북쪽으로 주차장을 배치하면 1층 면적을 최대한 확보할 수 있다. 또한 주차장 배치는 최대 2대까지 이중주차가 가능하다는 점도 기억해두자.

③ 민법상 다른 대지와의 이격거리는 500㎜ 이상 띄워야 건물 외장재를 시공할 때 문제가 발생하지 않는다. 단, 도로에 접한 면은 이격거리를 두지 않아도 된다. 배치도의 기초만 이해해도 땅을 보는 안목이 생긴다.

④ 주차대수 및 위치, 일조권 확보, 이격거리 등의 선이 그어지면 그 테두리 안에서 건물이 놓이게 된다. 건물의 규모는 건폐율과 용적률 범위 안에서 정해지고 건물의 형태(매스)는 평면도가 완성되면 다시 디자인에 들어간다.

배치도에는 건폐율, 용적률, 건축면적, 주차대수, 일조권 확보, 건축선, 다른 대지와의 이격거리 등이 표시된다. 대지와 도로와의 관계에서 건물의 위치와 형태, 건물 주 출입구, 주차장 위치가 잘 배치되면 다음 작업이 순조롭다.

　특히 일조권이 중요한 주거공간은 건물의 배치와 형태를 결정하는 것이 매우 중요하다. 도심에서는 완벽히 남향으로만 창을 낼 수 없다.

　도심의 건축은 상하좌우에 있는 건물로 인해 일조 방향보다는 대지가 도로와 어느 방향에 접해 있는지가 더 중요하다.

　가능하다면 주차장은 북쪽에 배치한다. 건축법에 따르면 일조권 확보를 위해서 정북 방향으로 최소 1.5m 이상 이격해야 한다. 이 공간을 주차공간으로 배치하면 건폐율 내에서 1층 공간을 최대한 확보할 수 있다.

　건축선, 일조권, 주차공간, 다른 대지와의 이격거리를 제외하고 건폐율 내에서 건물을 배치하면 된다. 이때 건축주가 건폐율을 최대한 확보할 것인지, 1층 면적을 조금 줄이더라도 건물 배치와 형태를 다양하게 변형할 것인지는 평면도를 그릴 때 다시 한 번 조정하면 된다.

　전체 건물을 단층으로 짓고 싶어도 건폐율과 주차대수로 인해 공간이 부족하게 나오는 경우에는 내부계단을 설치해서 2층으로 짓게 된다.

　반대로 최대한 층수를 높여서 짓고 싶어도 용적률이 부족해 층수를 높일 수 없는 경우도 발생한다. 이 경우에는 건축면적에는 산입되지 않는 다락방을 만들어 공간을 더 넓게 사용할 수 있다.

③ 평면도(신축/리모델링/인테리어)

평면도는 건물을 바닥에서 1.2m 정도 높이에서 수평 방향으로 절단해 위에서 내려다본 도면이다. 평면도는 건물의 각 층 공간, 출입구 등의 배치를 알 수 있으며 집의 전체적인 모습을 한눈에 파악할 수 있다.

평면도와 건축 형태를 디자인할 때 건축가의 성향이 드러난다. 그리고 건물 용도에 따라 설계순서가 조금씩 달라지기도 한다. 평면도를 먼저 그리고 건물의 형태를 잡아나가는 설계방식이 있고, 건물 형태를 먼저 잡고 평면도를 그 형태 안에서 그리는 방식이 있다.

어느 방식이 더 옳다고 할 수는 없지만 보통 주거공간은 평면을 먼저 그리고 건물 형태(매스)를 디자인하는 방식을 많이 선택하고, 상업공간은 건물 형태를 먼저 디자인하고 평면을 그 형태 안에서 그려나가는 방식을 선택한다.

아무래도 주거공간은 실제로 생활하는 내부 공간의 실용성과 편의성을 중시하고, 상업공간은 사람들의 이목을 끌 수 있는 외부 공간의 디자인을 중시하기 때문이다.

상업공간은 외부인이 잠시 머무는 공간으로 사용자의 이용방식에 맞추어 업종별로 필요한 공간을 활용하고 쾌적한 환경과 아름다움까지 고려해야 한다.

주거 평면설계를 가장 쉽게 설명할 수 있는 것은 3베이 구조의 32평 판상형 아파트 평면도를 이해하는 것이다. 32평의 판상형 아파트 평면은 한옥의 배치를 모티브로 수십 년간 주거공간 디자이너들의 내공으로 만들어진 공간이다.

누구나 한 번쯤 경험해본 공간이며 우리가 아파트라고 하면 가장 먼저 떠오르는 평면구성이다. 이 평면도의 동선, 공간별 크기 등을 이해한다면 주거평면의 많은 것을 이해하게 된다.

아파트 평면도

출처 : 저자 작성

3베이 판상형 아파트 평면구조만 따라 해도 훌륭한 평면도가 완성된다.

우선 중간에 주방 + 거실 + 마당을 배치하고 한쪽에 안방 + 욕실 + 드레스룸을 배치한다. 그리고 남은 한쪽에 현관 + 욕실 + 방을 배치하면 된다. ㄷ자 형태의 한옥에서 마당공간은 오늘날 거실이 되었고 아파트 거실은 다시 단독주택에서 거실 + 마당으로 자연스럽게 만들어지는 것이다.

평면도

출처 : 저자 작성

코로나19로 인해 집에 대한 인식은 단순히 휴식을 취하고 잠만 자는 곳이 아니라 각자의 취향을 반영하고 삶의 여유를 만끽하는 곳으

분쟁 없는 건축을 위한 건축주 학교

로 바뀌고 있다. 동선과 행동, 신체의 상황과 취향에 맞춤형으로 대응하는 '스마트 홈(Smart Home)'이 사람을 어떤 공간에 계속 머물게 하는 주요한 요인으로 작용한다.

집을 가족의 최적화된 주거공간 라이프 스타일을 만들기 위해서는 방의 개수, 욕실의 개수, 거실, 주방, 다용도실, 현관 등 필요공간을 정하고 이 공간들이 어떻게 연결되는지 고민해야 한다.

실내와 실외를 연결하는 공간은 현관이다. 실내공간은 제일 먼저 현관의 위치를 정해야 한다. 현관에서 거실, 거실에서 방, 방에서 욕실 등으로 공간을 어떻게 연결하면 좋을지 생각해야 한다.

그리고 공간별 규모도 결정해야 한다. 즉, 안방의 크기, 욕실의 크기 등을 정하는 것이다. 과거의 건축주는 가장 큰 방에 몇 자 장롱이 놓이는지를 파악해 공간의 크기를 대략적으로 가늠하는 수준이었지만 지금의 건축주는 에너지 효율성과 보안은 물론 초개인화를 실현할 수 있는 맞춤형 공간을 요구하고 있다.

공간별 규모를 설정하기 어렵다면 지금 현재 내가 거주하는 주거공간을 실측해서 공간의 크기를 비교하면 어느 정도 공간감을 가질 수 있다.

이제 공간별 규모의 정형화는 사라진 지 오래다. 집이 주거와 일터를 넘어 교실로도 사용되는 시나리오에 불을 지피고 있고 '지금 현재 내가 사는 집'이 기준이 되어 공간의 확장과 변화를 추구한다.

공간배치와 규모가 어느 정도 결정된 후에는 공간을 분할해 필요한 가구나 기기를 배치하면 더 정밀한 평면도를 만들 수 있다. 즉, 욕실에

양벼기, 세면대, 욕조 등을 그려보면 실제 생활 패턴을 고려한 공간인지를 알 수 있다.

대개 건축 관련 전공자들이 캐드 프로그램을 사용해서 평면도를 작성하지만 지금은 다양한 프로그램이 개발되어 일반인도 훌륭한 수준으로 평면도를 그리는 것이 가능해졌다. 다양한 설계프로그램이 있으니 이를 활용해보는 것도 좋겠다. 스케치업, 플로어플랜 등으로 누구나 쉽고 빠르게 도면을 그릴 수 있는 프로그램을 이용하면 된다.

평면도상에서 가상으로 기존 구조를 유지할지, 구조변경을 할지에 대한 판단은 평면도를 몇 번 그려보면서 고민해본 사람들이 현장만 본 사람들보다 훨씬 판단하기 쉬울 것이다.

가구 배치도 여러 번 시행착오를 겪으며 시뮬레이션을 하다 보면 실제 가구 위치를 다시 옮기는 등 불필요한 수고도 덜 수 있다.

집을 선택할 경우 기존 구조에 만족한다면 공사비도 많이 줄일 수 있다. 앞서 말했듯이 리모델링의 경우 구조변경을 하는 공사와 하지 않는 공사의 차이는 꽤 크다.

평면 설계에서 반드시 기억해야 할 6가지 설계 포인트

① 아파트 평면구조는 많은 건축디자이너가 설계한 좋은 설계다. 특히 거실과 주방이 중간에 배치된 3베이 구조를 먼저 우리 집에 적용해보자.

② 먼저 배치해야 할 공간은 현관이다. 현관은 실내 동선의 시작점이다. 만약 집 안에 내부계단이 있다면 내부계단의 상부는 위층의 현

관이 된다. 그래서 현관과 내부계단부터 배치한다.

③ 주방의 동선은 다용도실 또는 세탁실과 가까이 두는 것이 좋다. 외부로 나가는 출입구가 가까이 있으면 동선은 더욱 편리해진다.

④ 거실은 다른 공간으로 이동하는 통로가 되면 안 된다. 가족 모두가 안정적으로 쉴 수 있는 여유로운 공간으로 배치하려면 동선이 겹치지 않게 해야 한다.

⑤ 안방 - 드레스룸 - 안방욕실의 구조를 안방에만 국한해서 적용할 필요는 없다. 건축주의 가족 구성원과 성향과 합의에 따라 얼마든지 달라질 수 있다.

⑥ 욕실은 삶의 질을 좌우하는 공간이다. 가족들이 공용 욕실과 안방 욕실의 동선을 편리하게 이용할 수 있도록 재배치해야 한다.

☐ 방과 욕실의 개수와 크기는 적당한가?

☐ TV와 소파 간의 거리 등 거실의 크기는 우리 가족에게 합리적인가?

☐ 주방의 길이는 모든 주방제품을 다 배치하고도 편리한 동선을 만들어낼 수 있는가?

☐ 불, 물, 냉장고 위치가 요리하기에 불편하지 않은가?

☐ 주방과 다용도실 및 세탁실의 거리가 너무 멀지 않은가?

☐ 주방 아일랜드의 배치가 이동하는 데 불편을 주지는 않는가?

☐ 식사공간은 따로 배치할 것인가? 주방에 함께 배치할 것인가?

☐ 세탁실과 다용도실은 별도 공간으로 만들 것인가? 위치는 어디로 놓을 것인가?

☐ 빨래를 널 발코니가 존재하는가? 빨래를 널 공간으로 이동은 불편하지 않은가?

☐ 각 공간별 출입문의 크기가 적합한가? 그리고 문이 열리는 방식은 어떤가?

☐ 우리집에 큰 창호가 필요한가?

☐ 창호의 위치, 크기, 높이는 일조권 확보에 도움이 되는가?

☐ 현관에서 거실, 거실에서 욕실의 바닥높이 차이는 적당한가?

☐ 욕실 샤워 공간이 너무 협소하지 않은가?

☐ 현관장, 붙박이장 외에 수납공간은 충분한가?

☐ 각 방의 프라이버시는 확보되었는가?

☐ 아이방에 책상, 침대 등 필요한 모든 가구를 배치하고도 여유가 있는가?

④ 전기도와 조명도(신축/리모델링/인테리어)

최종 확정된 평면도를 바탕으로 전기도와 조명도를 작성한다. 이 도면은 전기공사 시 반드시 준비해둬야 편리한 공간이 만들어진다.

전기도면은 어디에 몇 구의 콘센트가 필요한지, 동선을 고려한 스위치의 적절한 위치 등을 상세히 표기한다. 콘센트와 스위치의 위치는 실내 가구의 배치, 동선 등을 고려해서 정해야 한다.

전기도면 없이 시공을 하게 되면 꼭 필요한 곳에 콘센트가 없거나 불필요한 조명이 설치되는 등의 문제가 발생할 수 있다.

평면도에 가구나 전자제품을 최대한 명확히 배치해야 필요한 곳에 전기가 공급될 수 있다. 집은 물과 전기를 얼마나 편하게 사용하는지에 따라 생활의 편리성이 달라진다. 전기도와 조명도가 없으면 붙박이장 뒤에 불필요한 콘센트를 시공하는 일이 흔히 발생할 수 있다.

조명도

출처 : 저자 작성

⑤ 입면도

입면도는 평면도에서 확인하기 어려웠던 창문의 크기, 주방 및 공간별 벽체 디자인, 계단의 높이(단면도) 등을 표시한다.

내부입면도(입면도/단면도/전개도/아이소메트릭)

입면도

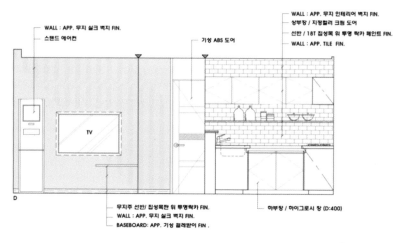

내부입면도는 건물의 내부 벽면을 정면에서 그린 도면이다. 건물 내부 벽면의 길이와 높이, 주요 가구의 배치, 벽면 디자인 및 마감 재료를 표시할 수 있다. 보통 주거를 목적으로 하는 건축물은 거실과 주방 공간을 중점으로 상세하게 설계한다.

상가 프랜차이즈의 내부 공간은 각 브랜드의 인테리어 디자인 모듈화를 위해 내부입면도 전체를 상세하게 그린다. 프랜차이즈 매장의 크기나 모양은 달라도 같은 콘셉트의 입면디자인을 반영하기 위해 상세하게 표현하는 것이다. 이렇듯 내부입면을 보여주는 방식은 여러 가지 방법이 있다.

내부입면은 입면도/단면도/전개도/아이소메트릭 등 다양한 방식으로 표현할 수 있다. 어떤 방식이든 이 공간을 가장 잘 보여줄 수 있는 방식을 선택하면 된다.

외부입면도(신축/리모델링)

외부입면도는 건축물의 외형을 각 면에 대해서 직각으로 투사한 도면이다. 건축물의 외부를 표현하기 위한 도면으로 보통 동서남북 4면을 나타내며 건물의 전체 높이, 처마 높이, 창호의 형상, 외벽, 지붕, 홈통, 발코니, 계단 등의 마감 재료 등을 표시한다.

특히 축척으로 그려진 건축물의 벽면 그림은 길이와 높이는 물론 여러 가지 구분과 장식, 지붕구조, 마감재 질감까지 표현할 수 있다.

외부입면도를 확인하다 보면 창호의 크기와 창호 간의 높이라인이 일정하지 않은 경우가 있다. 이런 경우 평면도를 다시 수정하기도 한다. 또한 외벽에 석재마감을 할 때 석재의 크기를 정확하게 결정해서 표현해야 건물 외부 디자인을 더 실제적이고 완성도 있게 작업할 수 있다.

| 입면도 체크사항 |

☐ 각 층의 높이와 건물 전체 높이는 적정한가?

☐ 창호의 크기와 분할은 합리적인가?

☐ 공간디자인 컬러 및 콘셉트는 원하는 것이 맞는가?

☐ 걸레받이, 천정몰딩, 문선몰딩 등 선택한 몰딩이 전체 공간과 어울리는가?

☐ 현관의 현관장, 현관문, 현관중문의 디자인은 통일성이 있는가?

☐ 주방은 도어의 종류, 상부장의 유무, 주방 창의 크기 및 위치, 냉장고장의 설치 여부, 후드 위치 및 디자인, 가전소물장의 배치, 아일랜드 구성 등을 확인했는가?

☐ 거실은 거실 창의 크기(바닥하부까지 내림) 및 종류 그리고 창호의 구획을 확인했는가? 거실 아트월의 유무, 천정몰딩 방법, 문선몰딩 유무, 간접조명 등의 디자인, 에어컨, TV 등의 위치를 확인했는가?

☐ 방은 도어의 종류, 문턱 제거 여부, 창문의 크기와 종류, 커튼박스, 몰딩의 종류, 붙박이장 디자인, 에어컨의 위치 등을 확인했는가?

☐ 욕실은 욕실 창문의 크기와 높이, 세면대의 배수 타입과 바닥배수구의 위치를 확인했는가? 타일의 크기 및 시공방식, 코너가 있는 욕실의 모서리처리 방식을 확인했는가?

☐ 다용도실은 세탁기와 건조기의 배치 상태를 확인했는가?

분쟁 없는 건축을 위한 건축주 학교

⑥ 투시도(또는 모형)

투시도는 건물의 내외부를 원근법에 의거해서 입체적 3차원의 표현으로 나타낸 그림이다. 사진학적 원리로 표현하는 완성 예상도이며 시점의 위치를 여러 가지로 바꾸어 건물을 여러 각도에서 보고 그릴 수 있다.

투시도

출처 : 저자 작성

직접 건축물을 바라보는 것과 같이 입체적이며 눈에 보이는 형상 그대로를 표현하므로, 건축 설계 내용을 검토하는 수단으로 이용된다. 건축주가 신축 또는 리모델링의 최종 결과물을 명확하게 인지할 수 있는 도면으로 공간의 구조와 색채 등을 완성물에 가깝게 표현한 디자인 도서다.

외부투시도는 건축물의 최종 모습을 가장 실제 모습에 가깝게 보여준다.

대개 건물 앞에는 도로가 있고 건물 옆에는 다른 건물이 있다. 건물 뒤편에는 산이나 강이 있을 수 있다. 설계된 건물이 어떤 모습일까를 알고 싶다면 외부투시도를 그려서 꼭 확인해봐야 한다.

즉, 외부투시도는 건물의 형태나 주변과의 관계를 체크해볼 수 있다. 특히 지붕의 형태가 경사지붕인 경우에는 건물 매스를 한 번 더 확인해볼 필요가 있다. 일정 규모 이상의 신축인 경우 건축 모형 제작을 통해 건축주, 구청(군청) 건축과 공무원과 함께 건물의 형태를 또 한 번 확인하지만 소규모 건물은 외부투시도만 그리는 경우가 많다.

| 투시도 체크사항 |

☐ 창호의 크기와 분할은 건물형태와 조화를 이루는가?
☐ 창호의 컬러가 외부 벽체마감재와 어울리는가?
☐ 건물의 형태와 컬러가 다른 건물과 조화를 이루는가?
☐ 지붕의 모양은 건물매스와 어울리는가?
☐ 건물 외부디자인 보존을 위해 간판 배치를 미리 정해놓았는가?
☐ 난간 재질과 디자인이 부조화를 이루지는 않는가?
☐ 도시가스, 에어컨, 전기계량기, 우수관 등의 배관은 잘 처리했는가?

외부투시도를 그리면 외부 벽면 디자인, 처마의 마감재료, 난간 디자인, 데크의 높이, 조경 등 평면도에서 확인할 수 없었던 외부 마감들

분쟁 없는 건축을 위한 건축주 학교

이 눈에 보일 것이다.

즉, 건축가와 건축주와의 의견 불일치 또는 미처 확인하지 못했던 점들이 보이기 시작한다. 리모델링의 경우 외부투시도를 그리면서, 우수관, 전기계량기, 도시가스관 등의 위치까지 옮기는 경우도 있다.

⑦ 건축자재집

설계도면에서 건축자재를 모두 상세하게 표기하기는 쉽지 않다. 평면도, 입면도, 투시도 등으로 건물의 디자인에 대한 정리는 되었지만 구체적으로 어떤 자재를 사용하는가에 대한 의견은 건축주와 시공사 간의 또 다른 분쟁 거리가 될 수 있다.

자재 수준에 대한 표현으로 흔히 중간 이상의 자재, 고급자재를 사용한다고 한다. 이런 경우 건축주와 시공사 간의 생각의 차이로 분쟁이 발생하기도 한다. 저가견적을 제시한 업체와 시공계약을 체결했지만 소비자가 선택하는 자재의 수준은 매우 높을 수도 있고, 반대의 경우도 있다.

시공사 기준에 맞는 저가견적 자재는 건축주가 생각하는 자재와 의견이 다를 수 있다. 건축주의 눈은 인터넷, 방송, 건축잡지 등에서 좋은 자재만 봤기 때문에 수준이 높아졌다. 서로 눈높이를 맞추기 위해 건축자재집을 따로 만들어 브랜드명, 제품 일련번호, 사진까지 기록해야 한다. 이 작업을 하면 건축주뿐만 아니라 시공사도 마음 편히 시공할 수 있다.

출처 : 저자 작성

또한 건축주의 일방적인 자재 선정에 대응을 해야 하는 상황이 오기도 한다. 최근에 새로 출시된 건축자재를 선정했다면 한 번 더 확인해야 한다.

새로 출시된 제품이 아무리 테스트를 거친 제품이라 할지라도 실제 시공에 적용할 수 있는지는 재차 확인해야 한다. 오랫동안 사랑받고 선택받는 자재는 다 이유가 있다.

결론적으로 설계도면만으로는 상세한 견적을 내기 어렵다. 각 공정별로 어떤 건축자재를 사용할 것인지를 반드시 서로 확인해야 한다. 그리고 각 공정별로 구체적인 건축자재를 선정해서 건축자재 샘플집을 만들자.

단열재 및 단열방식, 방수재 및 방수방식, 새시, 도어, 주방, 욕실 제품 등 자재에 따라 가격 차이가 많은 건축자재는 반드시 자재집 문서를 작성해야 한다.

건축자재 샘플은 평면도, 입면도 등의 도면에 바로 표기해도 되고, 별도의 도서로 작성해도 된다. 중요한 것은 시공 시 어떤 건축자재를 사용하는지 서로 확인하고 기록하는 일이다.

| 건축자재집 체크사항 |

☐ 외벽마감재는 무엇으로 결정했는가? (스타코, 고벽돌, 세라믹사이딩, 콘크리트 패널, 석재 등)

☐ 스타코와 스타코 플렉스의 차이를 아는가?

☐ 지붕마감재는 무엇으로 결정했는가? (징크, 슁글, 금속기와 등)

☐ 징크와 리얼징크의 차이를 아는가?

☐ 창호 브랜드, 제품명, 컬러, 손잡이 등은 결정되었는가? 방충망은 포함되었는가?

☐ 시스템창호와 PVC창호의 장단점을 알고 선정했는가?

☐ 유리의 두께, 컬러는 결정했는가? 복층 및 로이유리를 적용하는가?

☐ 현관문의 브랜드, 제품명, 도어락 등은 결정되었는가? 단열 기능이 있는가?

☐ 현관중문의 브랜드, 제품명, 컬러 등은 결정되었는가? 열리는 방식은 결정되었는가?

☐ 도어의 브랜드, 제품명, 열리는 방식 등은 결정되었는가?

☐ 포켓도어와 슬라이딩도어의 차이를 아는가?

☐ 계단 및 난간의 형태와 디자인이 결정되었는가? (금속, 목재 등)

☐ 천정몰딩은 매입형, 노출형 중에 어떤 것인가?, 문선몰딩은 방 안쪽

에도 시공하는가?

☐ 등박스와 아트월의 디자인과 마감재는 결정되었는가? 꼭 해야 하는가?

☐ 위생기구의 브랜드, 제품명 등은 결정되었는가?

☐ 양변기의 종류 중 원피스, 투피스, 비데일체형의 차이를 아는가?

☐ 세면대는 탑볼형, 언더형, 반다리, 긴다리 중에 어떤 것을 선택했는가? (바닥배수, 벽체배수 확인)

☐ 욕조는 기성제품을 사용하는가? 현장에서 타일로 마감하는가?

☐ 벽체는 도장마감인가? 벽지마감인가? (도장마감인 경우에는 목공사 비용이 추가)

☐ 바닥재는 브랜드, 제품명 등이 결정되었는가?

☐ 강마루, 강화마루, 온돌마루, 원목마루의 차이를 아는가?

☐ 조명은 매입형인가? 노출형인가? (목공사와 전기공사 방식이 달라진다.)

☐ 주방가구의 브랜드, 제품명, 디자인이 결정되었는가?

☐ 주방가구의 도어, 손잡이방식, 상판, 싱크볼, 후드 등의 종류도 결정되었는가?

☐ 붙박이장은 견적에 포함되었는가? 브랜드, 제품명, 디자인이 결정되었는가?

⑧ 가견적(적산)

아무리 훌륭한 건축 설계도면을 완성했더라도 시공비가 예산(최대 사용가능한 재정)과 차이가 많이 난다면 설계도서는 종이에 불과하다. 배치도와 평면도가 어느 정도 정리되면 가견적을 미리 계산해보는 것이 좋다.

최근 건축자재비와 인건비의 폭등으로 견적은 더 중요한 일이 되었다. 실제로 시공 중 갑작스런 가격폭등으로 시공이 중단되는 현장도 여러 곳에서 일어나고 있다. 설계가 최종 완성되지 않았더라도 가견적을 미리 내어 비용이 초과하는 디자인은 조정해야 한다.

예산에 크게 벗어날 수밖에 없는 설계

- 건축물의 규모(연면적)가 불필요하게 큰 경우
- 지형적으로 토목공사의 비용이 많이 드는 땅인 경우
- 곡선형태의 디자인으로 공사비가 증가한 경우
- 같은 면적이라도 세대수가 늘어 공사비가 증가한 경우
- 외벽마감재, 지붕의 형태, 창호의 종류가 지나친 고급자재인 경우

건축비를 줄일 수 있는 설계

- 외벽의 길이가 짧고 코너 수가 작은 정사각형 형태인 경우(이른바 깍두기 모양의 건물이 된다면 외벽디자인과 마감재를 잘 선정해야 한다)
- 단순한 지붕 형태로 비용뿐만 아니라 하자도 줄인 경우
- 물을 쓰는 공간을 모이도록 해서 상하 배관의 길이를 줄인 경우
- 표준 길이의 자재를 사용할 수 있도록 벽체 높이를 조절한 경우
  (자재의 크기 예 : 1,200㎜ × 2,400㎜ 합판, 2,400㎜ 길이의 몰딩)

시공업체와는 달리 대부분의 건축설계사무소에서는 가견적을 내지 않는다. 혹시 설계 중에 가견적을 낼 곳이 없다면 일정 비용을 지불하

고 적산업체나 시공업체에 문의해보자.

설계과정을 충실히 따라 왔다면 이제 시공과정에 들어가보자. 설계 준비를 잘했다면 시공은 조금 더 편안한 마음을 가져도 될 것이다.

4교시
건축 시공 단계

시공업체 선정은
어떻게 할까?

결국 중요한 것은 공사금액이다. 아무리 좋은 설계도 공사금액이 부담되면 시공을 진행할 수 없다. 아무리 소문난 건축 명장이 시공한다고 해도 타 업체에 비해 견적 차이가 많이 나면 함께하기 어렵다. 합리적인 시공업체를 선정하는 방법에 정답은 없다. 하지만 좋은 업체를 선택할 확률을 늘리는 방법은 있다.

(1) 시공업체 선정

① 시공업체의 포트폴리오(또는 지명원)가 가장 중요하다

시공업체도 전문 분야가 있다. 모든 용도의 건물을 잘 시공하기는 어려운 일이다. 그래서 시공업체의 포트폴리오를 살펴봐야 한다.

건축주는 내가 지으려고 하는 건물을 중심으로 시공을 얼마나 잘해

왔는지 포트폴리오를 살펴보고 적합성을 판단해야 한다.

시공했던 건물을 포트폴리오로 볼 수 없다면 업체의 전문성을 의심해봐야 한다. 보통 대형 건물이나 관공서 건물은 입찰을 통해 시공업체를 선정한다. 이때 업체마다 견적서와 함께 지명원을 만들어서 함께 제출한다.

이 지명원에는 회사의 구조, 연혁, 보유면허, 등기부등본, 사업자등록증, 시공실적 등이 자세히 소개되어 있다.

보통 시공업체는 포트폴리오 또는 지명원을 만들어놓는다.

② 건축주는 저렴한 건축을 하려는 마음을 버려라

건축주는 좋은 자재를 사용하고 꼼꼼하게 시공을 하길 원한다. 그러나 저렴한 견적은 좋은 건축물을 만들기 어렵다. 견적을 저렴하게 내달라고 하거나 아예 불가능한 가격으로 시공해달라고 하기도 한다. 저렴한 견적은 얼마든지 낼 수 있다. 시공업체 입장에서는 견적에 따라 저렴한 자재와 시공방식을 선택하면 된다. 건축주가 건축을 무조건 저렴하게 하려는 의도가 아니라면 이런 요구는 하지 말자.

그러나 마감 수준이나 시공 후 하자 문제를 생각하면 그리 쉽게 결정할 문제가 아니다. 좋은 업체를 선택하고도 가격 때문에 고민된다면 건축비를 해결하기 위한 논의를 업체와 다시 해야 한다.

차라리 건축주가 마음을 열고 솔직하게 이야기하자. 업체도 견적 문제를 충분히 고려해줄 것이다.

③ 공사 중 추가금액 요구는 건축주도 책임이 있다

공사 중에 시공사의 추가공사비 요청이 계속 발생할 수 있다.

건축주와 시공사가 서로 충분히 합의된 설계도서와 견적서로 합리적인 조정을 했다면 대부분의 문제는 해결이 가능하다. 그러나 설계과정이 느슨해지고 설계도서와 견적서에 정확하게 기재하지 않은 부분들이 많다면 해결이 쉽지 않다.

운이 좋게 잘 맞춰주는 시공업체를 만나면 정확하게 표기하지 못한 부분도 조정이 가능하지만 대부분 추가공사비를 요구할 것이다.

건축비의 추가요구에는 건축주의 책임도 있다. 설계과정에서 모든 공정에 대한 시공 내용을 정확하게 표기하지 않았거나 설계변경으로 인해 문제가 발생했기 때문이다.

설계과정이 충실했다면 시공과정에서도 분쟁이 줄어든다. 시공 부분은 설계자보다는 현장소장이 잘 알고 있다. 추가공사해야 할 부분이 있다면 현장소장과 다시 한 번 시공방법을 논의해야 문제가 해결된다.

현장소장과는 끝까지 원활한 소통의 장을 마련해야 한다. 대부분의 분쟁이 작은 감정싸움으로 시작되기에 추가비용 없이 시공해줄 수도 있는 부분도 비용을 청구하는 경우가 발생한다.

④ 지금 시공하는 현장이 아닌, 전에 시공했던 현장을 방문하자

건축주가 인근의 시공현장을 보고 현장소장을 만나 시공계약을 바로 맺는 경우가 있는데 이렇게 사무실 방문도 하기 전에 바로 계약을 하는 것은 위험한 일이다.

대부분의 건축이 골조공사까지는 별 탈 없이 진행된다. 골조공사 이후에 분쟁이 발생하는데, 문제는 골조공사 이후 자재를 선정하고 설계를 변경 또는 협의하는 과정에서 발생한다. 물론 현장소장이 여러 곳의 현장을 한 사람이 관리해서 문제가 되기도 한다. 또 어떤 경우에는 소장이 중도금까지 받고 잠적하는 일도 있다. 시공계약서를 작성할 때부터 이해하기 어려운 공사금액을 요구하면 갈등이 발생한다.

따라서 공사가 진행되고 있는 현장만 보고 업체를 판단하면 안 된다. 지금 시공하고 있는 현장이 아니라, 이미 시공을 완료한 현장을 방문해봐야 정확히 알 수 있다. 준공된 현장의 건물 상태를 직접 확인하고, 가능하다면 기존 건물의 건축주도 직접 만나보자.

방문한 현장의 건축주가 특별히 어떤 문제로 불만을 제기하지 않는다면 좋은 건설업체일 가능성이 높다.

⑤ 시공업체 사무실을 방문하고 현장소장도 만나 이야기를 나누자

건축 계약을 할 때 사무실 방문을 한 번도 하지 않고 계약을 하는 경우도 있다. 반드시 시공업체 사무실을 직접 방문해야 한다.

실제 사무실 유무와 사업자등록증을 확인하고, 현장에서 시공관리하게 될 현장소장도 직접 만나면 좋겠다. 아무리 좋은 시공업체라 하더라도 현장을 맡게 될 현장소장이 나와 맞지 않을 수도 있다. 충분히 대화를 나누고 함께할 수 있을지 생각해보자. 앞으로 가장 많이 만나게 될 사람이기 때문이다.

분쟁 없는 건축을 위한 건축주 학교

다시 말해 사무실이 아닌 현장 근처에서 시공계약서 작성을 하는 경우 예상치 못한 문제들이 발생할 수 있으므로 꼭 시공업체 사무실에서 계약하자.

계약서는 꼼꼼하게 작성해야 한다. 만약 자재샘플집이 없다면 설계도서나 견적서에 공사에 사용되는 자재의 브랜드와 명칭, 규격 등을 기록으로 남겨야 계약 내용과 다르게 저가 자재를 쓰는 일을 막을 수 있다.

공사 일정과 기한을 넘길 시 지연손해금을 지급해야 한다는 내용도 적는 것이 좋다. 추후 문제가 발생할 때를 대비해 계약서에는 하자보수 기간도 명시해야 한다.

⑥ 견적서를 잘 만드는 업체가 시공도 잘한다

견적을 구체적으로 꼼꼼하게 작성하려면 시공지식과 경험이 풍부해야 한다. 견적서를 작성하는 능력은 시공능력과 밀접한 관련이 있다.

공정별 공사 범위, 자재, 부자재, 인건비, 경비 등이 표함되어야 하고 견적서를 보고 이해되지 않는 부분에 대해서는 구체적인 설명이나 표기가 있어야 한다. 분쟁이 발생했을 때 견적서가 정확하지 않으면 추가비용이 발생할 수 있으며 시공사 측에 유리한 방향으로 흘러갈 수도 있다.

견적서는 자재샘플집이 있다면 샘플집을 토대로 작성하고 샘플집이 없다면 최대한 상세히 기록해야 한다. 건축주는 최소한 견적서에 대한 내용을 충분히 이해하고 시공계약서를 작성해야 한다.

공사 공정표도 마찬가지다. 공정표를 상세하게 표기하는 능력과 시공능력은 밀접한 관련이 있다.

⑦ 아는 사람이 운영하는 시공업체는 한 번 더 생각해보자

설계는 아는 사람에게 믿고 맡길 수도 있지만 시공은 그렇지 않다. 아는 사람에게는 불만이 있어도 이야기하기가 어렵기 때문에 마음속에 응어리지고 있다가 결국은 폭발해 돌이킬 수 없는 관계를 만들기도 한다.

시공은 지금까지 고민하며 만든 설계도서를 실현하는 작업이다. 그래서 아는 사람이나 무엇이든지 영업을 목적으로 허위·과장 광고하는 업체는 한 번 더 생각하고 결정해야 한다.

좋은 시공업체를 선정하는 일이 현실적으로 쉽지 않고, 만약 내가 직접 공사를 진행할 능력이 있다면 직영공사도 가능하다. 물론 나의 시공능력과 시간적 여유가 관건이다. 일단 도급공사와 직영공사의 조건은 다음과 같다.

(2) 도급공사 조건

① 연면적 200㎡ 초과하는 건축물

② 연면적 200㎡ 이하인 건축물로서 다음 각 목의 어느 하나에 해당하는 경우

- 공동주택

- 다중주택, 다가구주택, 공관

- 주거용 외의 건축물로서 학교, 병원 등 대통령령으로 정하는 건축물

(3) 직영공사 조건

① 연면적 200㎡ 이하인 단독주택

② 연면적 200㎡ 이하인 건축물로서 도급공사에 해당이 안 되는 경우

시공도서와
프로세스

시공업체를 선정했다면 이제 진짜 시작이다. '건물주(또는 내 집 마련)의 꿈을 이루어가는가?' 아니면 '분쟁으로 긴 시간 시공과정을 보내게 될 것인가.' 이제 시공도서를 시공업체와 차분히 정리하면서 안정된 건축과정을 만들어 나가보자.

> **시공 시 필수문서**
> 상세견적서/계약서/공정표/공사변경 및 추가확인서

(1) 견적서

설계도서와 자재샘플집이 완성되면 이 두 가지 문서를 바탕으로 견적서를 작성한다. 견적서는 원가계산서, 공정별 집계표, 상세 공사내역서의 형태로 구체적인 세부내용을 작성한다. 특히 공사내역서에는 공정별로 재료비, 노무비, 경비가 자세히 작성되어야 한다.

시공업체뿐만 아니라 건축주도 시공계약서를 쓰기 전에 견적서를 정확하게 이해해야 이후 문제의 소지가 줄어든다.

원가계산서

- 공사명 :
- 금 액 : 일억팔천오백이만원정 (₩185,020,000.~)
- 주 소 :
상기 공사에 대한 1차 견적율/를 아래와 같이 합니다.
2021년 10월 7일
발주자님 귀중

구 분			구 성 비	금 액	비 고	공사견적 특이사항
순공사비	재료비	직접재료비		84,598,800		1. 제시된 평면도를 근거로 견적함 2. 견적서에 명기된 사항 외에는 별도공사임 3. 산재보험 및 각종 보험 별도(건축주 가입)
		간접재료비	지방비용가산			
		소계		84,598,800		
	노무비	직접노무비		48,043,000		
		간접노무비	지방비용가산	6,000,000		
		소계		54,043,000		
	경비	경비		13,125,000		
		소계		13,125,000		
순공사비 계			재료비+노무비+경비	151,766,800		부분별 공급가액
기타경비(차량, 현장소장 외)			작업예상일+13만원	5,850,000	45일	[실내]	121,600,000
기업이윤			순공사비+7%	10,623,670		
단위조절			금액조정분	- 40,470		[건물외부]	42,800,000
공급가액 계				188,200,000	(계약기준금액)	
부가가치세			10%	16,820,000		
총 공사비				185,020,000	(계약금액)	

공정별 집계표

No	품 명	단 위	수 량	재 료 비	노 무 비	공 비	합 계	증 감	비 고
1	철거공사	식	1.0	410,000	4,460,000	7,465,000	12,335,000		8.5%
2	기초/구조보강/가설공사	식	1.0	-	60,000	100,000	160,000		0.1%
3	창호공사	식	1.0	9,270,000	-	-	9,270,000		6.4%
4	도어공사	식	1.0	9,650,000	1,050,000	150,000	10,850,000		7.4%
5	전기공사	식	1.0	4,240,000	3,840,000	-	8,080,000		5.5%
6	설비공사	식	1.0	3,100,000	1,600,000	-	4,700,000		3.2%
7	난방공사	식	1.0	4,740,000	2,090,000	2,385,000	9,215,000		6.3%
8	금속송사/지붕공사	식	1.0	18,640,000	-	-	18,640,000		12.8%
9	조적공사	식	1.0	2,200,000	4,840,000	330,000	7,370,000		5.1%
10	미장공사	식	1.0	2,000,000	1,660,000	855,000	4,515,000		3.1%
11	방수공사	식	1.0	1,985,000	2,845,000	60,000	4,890,000		3.4%
12	목공사	식	1.0	12,455,400	15,800,000	825,000	29,080,400		19.9%
13	도장공사/외장공사	식	1.0	1,206,700	3,140,000	180,000	4,526,700		3.1%
14	타일공사	식	1.0	2,072,300	2,160,000	235,000	4,467,300		3.1%
15	위생기구	식	1.0	3,138,000	400,000	30,000	3,568,000		2.4%

공사내역서

No	품명	규격	단위	수량	재료비 단가	재료비 금액	노무비 단가	노무비 금액	경비 단가	경비 금액	합계 단가	합계 금액	비고
1	철거공사												
	[실내]												
	내장재철거	천정, 벽, 샤시	인	8.0		-	180,000	1,440,000	15,000	120,000	195,000	1,580,000	
	조적벽체철거	장비보조포함	인	8.0		-	180,000	1,440,000	15,000	120,000	195,000	1,580,000	
	운반		인	3.0		-	180,000	540,000	15,000	45,000	195,000	585,000	
	장비	B/H0.15	대			-			750,000		750,000	-	
	벽체		개소	2.0	30,000	60,000	70,000	140,000		-	100,000	200,000	
	철거		식	1.0	300,000	300,000				-	300,000	300,000	
	폐기물처리비 (콘크리트)	1톤트럭반출(1.3㎥/대)	대	8.0		-		-	280,000	1,680,000	280,000	1,080,000	
	폐기물처리비 (혼합)	1톤트럭반출(1.3㎥/대)	대	5.0		-		-	300,000	1,500,000	300,000	1,500,000	
	[건물외부]												
	지붕철거		인	2.0		-	180,000	360,000	15,000	30,000	195,000	380,000	
	조적벽체철거	장비보조포함	인	3.0		-	180,000	540,000	15,000	45,000	195,000	585,000	
	장비	B/H0.15	대	1.5		-			750,000	1,125,000	750,000	1,125,000	
	철거장비		식	1.0	50,000	50,000				-	50,000	50,000	
	폐기물처리비 (콘크리트)	1톤트럭반출(1.3㎥/대)	대	10.0				-	280,000	2,800,000	280,000	2,800,000	
제외	생활집기류 폐기물처리												
	실내소계					380,000		3,580,000		3,485,000		7,385,000	
	건물외부소계					50,000		900,000		4,000,000		4,950,000	
	계					410,000		4,480,000		7,485,000		12,335,000	

출처 : 저자 작성

　　건축주는 도면과 견적서를 비교할 수 있을 정도의 지식이 있어야한다. 업체를 신뢰하고 맡기더라도 견적에 대한 기본적인 내용은 알아야 한다. 이 부분에 대해 자신이 없다면 PM이나 감리자를 별도로 선정해서 의뢰하는 것이 좋다.

견적서 확인 방법

일반적인 견적서의 구성은 원가계산서, 공정별 집계표, 공사내역서로 구성되어 있다.

공사내역서에서 공정별로 상세견적서를 작성하면 각각의 공사는 공정별로 공정별 집계표에 합산 정리된다. 공정별 집계표의 합산금액이 원가계산서의 순공사비에 반영되어 이 순공사비에서 기타 경비 + 기업이윤 + 부가세 등이 추가 합산되어 최종 견적금액이 나오게 되는 것이다.

각 회사마다 견적서 양식이 있기 때문에 사실 공사내역서만 잘 기입하면 된다. 공사내역서는 재료비, 노무비, 경비로 나뉜다. 재료비는 공정별 공사에 필요한 재료의 종류와 비용을 말한다. 노무비는 공정별 공사에 필요한 기능인과 인건비를 말한다. 경비는 식대, 주유비, 중장비 등의 비용을 말한다. 즉, 경비는 주 재료와 인건비를 제외한 비용을 다 기입하면 되는 것이다. 그래서 공사별로 견적서를 상세하고 정확하게 기입하는 것은 오랜 현장경험이 필요하다.

보통의 건축주는 도면과 견적서를 제대로 확인하지 않고 공사를 시작했다가 분쟁이나 사고가 발생한 후에 뒤늦게 살펴보게 된다. 분쟁이 발생한 후에 뒤늦게 견적전문가가 되기도 하지만 사고가 발생하기 전부터 꼼꼼히 살펴보고 물어봐야 한다.

특히 공사범위에 대해서 잘 확인해야 한다.

견적에 포함되지 않는 공사내용 확인
• 수량과 금액이 없는 항목은 공사 견적에서 제외한다.
• 보통 붙박이장/조경/담장/도시가스/CCTV/에어컨 등은 견적에서 제외한다.
• 각 공정별 공사 범위를 위치와 면적으로 정확하게 표기해야 공사 후 분쟁의 소지를 줄일 수 있다.

시공업체를 선정할 때 업체가 제공하는 견적서를 보면 업체의 공사 수준도 알 수 있다. 앞에서 설명했듯이 견적을 구체적으로 정확히 내는 능력과 시공능력은 밀접한 관련이 있다. 시공능력이 없는 업체는 미리 걸러내야 한다. 의뢰한 업체가 공정별로 상세한 견적을 내는지 반드시 확인하자.

(2) 계약서(표준도급계약서)

시공계약서 작성 시 견적서에 빠진 내용이 있을 수 있다.

이런 경우를 대비해 '견적서에 표기되어 있지 않은 공사내용은 건축도면에 표기된 내용을 기준으로 한다'라는 문구를 넣으면 혹시 빠뜨린 내용이 있더라도 객관적 판단의 기준을 만들 수 있다. 기타 계약서 작성 방법은 다음과 같다.

① 계약서는 공사표준계약서 양식을 사용하는 것이 좋다. 시공업체의 별도 양식은 업체에 유리한 조건만 계약서에 표기하는 경우가 있다.

② 현장주소, 공사금액, 부가세, 공사기간, 공사대금 지급방법 등을 확인한다. 또 사업자등록증과 대표의 신분증도 확인한다.

③ 계약서에는 '본 계약서의 공사금액은 인장된 견적서, 건축도면, 건축자재샘플집을 기준으로 산정된 공사금액임을 확인한다'라고 명시하고 도장을 찍어야 한다.

④ 공사비 지급에서 계약금은 30%를 넘지 않도록 하고 공사금액은 공사 공정별 진도에 맞춰 나눠서 지급하는 것이 좋다. 또한 공사비는 법인 또는 개인 통장을 확인 후 이체해야 한다.

분쟁 없는 건축을 위한 건축주 학교

공사계약서

공 사 계 약 서

[발주자/시공사 보관용]

[단위 : 원]

공 사 개 요		
현 장 명		
현 장 주 소		
공 사 범 위	도면 및 견적서 범위	
공 사 금 액	공 급 가 액	부 가 가 치 세
	168,200,000	16,820,000
	총 공 사 비	₩185,020,000
공 사 기 간	시 작 일	종 료 일
	년 월 일 (요일)	년 월 일 (요일)

[단위 : 원]

공 사 대 금 지 급 방 법							
구 분	계 약 금		중 도 금 1	중 도 금 2	잔 금	추 가 공 사 금	
	10%	20%	30%	30%	10%	1차	2차
공급가액	16,820,000	33,640,000	50,460,000	50,460,000	16,820,000		
부가세	1,682,000	3,364,000	5,046,000	5,046,000	1,682,000		
총액	18,502,000	37,004,000	55,506,000	55,506,000	18,502,000		
지급일자					공사완료 후		
지급조건	계약시	시공시	목공사시작	목공사종료	1주일이내	잔금지급 전 협의	

공 사 계 약 확 인 사 항
*공사계약자료를 수령하였으며, 공사계약일반사항에 관한 전반의 내용을 이해하였습니다.
*현 공사를 수행하기 위한 발주자/시공자의 책임과 의무를 다하겠습니다.
년   월   일

발 주 자	주소		집전화	
			H.P.	
	주민등록번호	– XXXXXXX	성명	
설 계 / 견 적 자	주소		사무실전화	
			성명	
시 공 자	계좌번호		H.P.	
			성명	

※첨부사항 : 공사계약일반사항

출처 : 저자 작성

⑤ 시공업체에 공정표 작성을 미리 부탁하는 것이 좋다. 공정표가 있어야 건축주가 체계적으로 공사 진행 상황을 확인할 수 있다. 또 계

약서에 공사기간을 명시해서 공사가 지연되는 것을 사전에 예방해야한다. 업체의 공사지연 사유가 납득이 되지 않는 경우에는 공사지연지체 보상금을 요구할 수 있다. 보통 공사금액의 1/1000(하루)로 정한다. 물론 분쟁 없이 상황을 조율하는 것이 서로에게 더 좋다.

시공계약서에 표기해야 할 사항 - 표준도급계약서
- 공사명
- 공사금액
- 공사기간(착공일, 준공일)
- 공사내용(도면, 자재샘플집, 시방서, 견적서)
- 공사금액 지불시기(계약금, 중도금, 잔금)
- 지체상환율
- 공사대금 연체 지연이자율
- 하자보수기간
- 그 외 합의사항

(3) 공정표

No.	공정순서	공정순서		
		인테리어	리모델링	신축
1	철거공사	내부마감재 및 비내력벽 철거 (새시/중문/문틀 미리 주문)	내부마감재 철거 후 내부 및 외부벽체 철거	기존 건물 멸실
2	토공사/ 기초공사	–	수평증축의 경우 기초공사	토지 주변 정리 및 기초공사
3	가설공사	–	외부마감재 시공 시	구조체공사 및 외부마감재 시공 시
4	골조공사	–	증축공사 시 골조공사	철근콘크리트/철골/ 목조 시공 시
5	구조보강	–	내력벽 철거 전 구조보강	–
6	전기공사	현장조명 및 본공사 (목공사 마감 전까지 시공)	현장조명 및 본공사 (목공사 마감 전까지 시공)	현장조명 및 본공사 (목공사 마감 전까지 시공)
7	설비공사	상수도/하수도	상수도/하수도/우수관 (필요 시 물탱크/정화조공사)	상수도/하수도/우수관 (물탱크/정화조/하수관연결공사)
8	난방공사	난방/보일러/분배기 교체	난방/보일러/분배기 교체	난방/보일러/분배기 교체
9	조적공사	비내력벽 시공	비내력벽/창호주변 시공	내력벽/비내력벽 시공 (벽돌/블록/ALC로 골조공사 시)
10	미장공사	벽체/바닥 미장 (방통 포함)	벽체/바닥/균열 미장 (방통 포함)	조적벽체/방통바닥 공사 시
11	방수공사	욕실/세탁실 바닥방수	내부방수/옥상방수	욕실바닥/옥상방수
12	창호공사	새시/현관문 설치 (최소 7일 전에 주문)	새시/현관문/공용창호 시공 (최소 7일 전에 주문)	새시/현관문/공용창호 시공 (최소 7일 전에 주문)
13	금속공사	–	대문/데크하지/주차장 시공	대문/데크하지/주차장 시공
14	지붕공사	–	경사지붕 시공 (평지붕은 골조공사)	경사지붕 시공 (평지붕은 골조공사)
15	외장공사	–	건물 외부마감 (외단열 시 단열공사 포함)	건물 외부마감 (외단열은 골조공사 시 단열 시공)
16	도어공사	현관중문/방문/욕실문 (최소 3일 전에 주문)	현관중문/방문/욕실문 (최소 3일 전에 주문)	현관중문/방문/욕실문 (최소 3일 전에 주문)

17	목공사	아트월/등박스/몰딩/현장가구(필요시 단열시공 포함) 목공사 끝나면 시스템가구 주문	비내력벽/천정 신설(내단열 시 단열공사 포함) 아트월/등박스/몰딩/현장가구/외부데크 등	비내력벽/천정 신설(내단열 시 단열공사 포함) 아트월/등박스/몰딩/현장가구/외부데크 등
18	도장공사	내부벽체 도장(또는 필름시공)	내부/외부벽체 도장(드라이비트류 포함)	내부/외부벽체 도장(드라이비트류 포함)
19	타일공사	욕실/주방벽/현관바닥(도장공정과 순서 바뀔 수 있음)	욕실/주방벽/현관바닥(도장공정과 순서 바뀔 수 있음)	욕실/주방벽/현관바닥(도장공정과 순서 바뀔 수 있음)
20	위생기구	변기/세면대/수전 등 설치(욕조는 설비공사 시 미리 설치)	변기/세면대/수전 등 설치(욕조는 설비공사 시 미리 설치)	변기/세면대/수전 등 설치(욕조는 설비공사 시 미리 설치)
21	벽체마감	주로 도배(또는 도장마감)	주로 도배(또는 도장마감)	주로 도배(또는 도장마감)
22	바닥공사	바닥 및 걸레받이(도배공정과 순서 바뀔 수 있음)	바닥 및 걸레받이(도배공정과 순서 바뀔 수 있음)	바닥 및 걸레받이(도배공정과 순서 바뀔 수 있음)
23	조명공사	매입등/벽부등/일반등(벽부/매입등은 미리 전선 체크)	매입등/벽부등/일반등(벽부/매입등은 미리 전선 체크)	매입등/벽부등/일반등(벽부/매입등은 미리 전선 체크)
24	시스템가구	싱크대/현관장/붙박이장(최소 7일 전에 주문)	싱크대/현관장/붙박이장(최소 7일 전에 주문)	싱크대/현관장/붙박이장(최소 7일 전에 주문)

공정표는 공사계획에 따라 예정된 각 공정별 작업 활동을 도표화한 것이다. 각 시점에 있어서 공사 진척도를 검토하는 척도가 된다. 공사가 공정표대로 잘 진행되면 좋겠지만 공정표대로 진행하기는 쉽지 않다.

자재 및 기술자 수급, 날씨, 공사내용 변경 등 계획이 일정대로 진행되지 않더라도 공정표를 잘 만들어놓으면 전반적인 공사 흐름을 한눈에 파악할 수 있다. 또 시공소장이 전체 공정을 진행하는 과정도 파악할 수 있다. 날씨나 공사내용이 변경되는 부분은 어쩔 수 없다지만 자재나 기술자 수급이 공정별로 준비되고 있는지를 확인할 수 있다. 레미콘, 새시, 도어, 주방가구 같은 공정들은 미리 자재를 발주해야 공사 일정에 맞추어 진행할 수 있다.

(4) 공사변경 및 추가확인서

시공내용과 견적사항이 변경되는 경우에는 변경 전후 내용을 비교할 수 있도록 꼼꼼히 기록해야 한다. 건축주와 시공자의 기억에 의지하기보다 시공과정을 단계별로 작성해야 문제의 소지가 발생하지 않는다.

자세한 변경목록과 금액까지 명기하고 상호 간의 서명으로 정확히 정리하자.

공사변경 및 추가확인서

[공 사 변 경 추 가 확 인 서]

공사명	
공사주소	
현장소장	

상기 계약건의 공사변경 및 추가사항을 확인합니다.

No.	변경 및 추가 공사내용	비용 (VAT 별도)	확인 날짜	고객 서명
1				
2				
3				
4				
5				
6				
7				
8				
9				
10				

출처 : 저자 작성

(5) 공사 시작 후 주의점

① 최소한 공정별로 현장을 방문해서 현장소장과 공사에 대해 의견을 나누어야 한다.

② 중요한 대화 내용은 카톡이나 문자로 남기며 진행해야 추후에 서로 달랐던 의견에 대해 확인하고 협의할 수 있다.

③ 공사 변경 또는 추가 시에는 공사변경 및 추가확인서를 작성하고 서명 후 보관해야 분쟁의 소지를 줄일 수 있다.

④ 변경하고 싶은 공사내용이 있으면 가급적 빨리 현장소장에게 알려야 한다. 시공 후에는 변경하고 싶은 공사가 있어도 건축주가 모든 비용을 부담해야 하는 상황이 생길 수 있다.

위의 내용을 잘 기억한다면 분쟁 없이 건물을 지을 가능성이 높다. 모든 공사 현장에서 건축주가 일일이 간섭하면 오히려 갈등이 더 깊어진다. 공정별로 가장 중요한 부분을 확인하고 시공과정에서 그때그때 대화로 문제를 해결해 나가는 것이 최선이다.

(6) 공정별 주요 확인내용

공정별 확인내용을 이야기하기에 앞서 대전제가 필요하다. 소비자가 아무리 많은 내용을 공부해도 현장의 현실은 다르다. 따라서 모든 공사를 하나하나 따지면 현장소장과 건축주의 갈등만 깊어진다.

현장소장과 공정별로 꼭 짚고 넘어가야 하는 중요한 부분만 조율해 나가는 지혜를 발휘하자.

분쟁 없는 건축을 위한 건축주 학교

① 철거 및 구조보강(리모델링)

현장 여건에 따라 구조보강 후 철거를 하는 경우도 있고 철거 후 임시로 서포트를 받친 후 구조보강을 하는 경우도 있다. 구조보강 시 H빔의 크기는 구조설계 및 전문가의 의견을 듣고 따르는 것이 좋다.

리모델링 철거공사는 생각보다 많은 비용이 든다. 보통은 내장재를 먼저 철거하고 구조보강 후에 벽체를 철거한다. 이때 드는 비용의 대부분은 철거인력과 폐기물 처리비용이라고 보면 된다.

② 기초공사(신축)

규준틀을 설치하고 터파기 후 자갈로 잡석다짐을 하는데 자갈층은 땅 밑의 습기가 기초콘크리트로 올라오는 것을 차단해 땅의 지내력을 높일 수 있다.

기초작업에서 잡석다짐과정은 반드시 필요한 과정이며 잡석다짐 후에 비닐을 치면 또 한 번 땅 밑의 습기를 차단할 수 있다. 잡석다짐만으로 해결하지 못하는 땅 밑 습기를 2차로 차단해준다.

> **기초작업 과정**
> 규준틀 설치 ▶ 터파기 ▶ 잡석(자갈)다짐 ▶ 비닐설치 ▶ 버림콘크리트 – 먹메김 ▶ 거푸집 및 철근조립 ▶ 콘크리트 타설 ▶ 기초 옆면 방수 및 단열

기초의 측면에도 방수 및 단열을 해야 한다. 바닥은 자갈과 비닐로 습기를 차단했지만 기초의 측면에서도 습기가 올라올 수 있으니 방수

가 필요하다. 주로 아스팔트 방수를 하고 측면에 단열재를 부착하면 지하에서 올라오는 습기와 냉기를 대부분 잡을 수 있다.

지질조사
최근에는 건축 허가 시 지질조사보고서 첨부를 요구하는 현장이 많다. 시추주 상도를 보고 기초도면이 그려지는데 이때 허용지내력이 안 나온다면 지반을 보강하는 공사를 먼저 진행해야 할 수도 있다.

동결심도
땅 밑에는 땅이 어는 영역과 얼지 않는 영역이 존재한다. 그 경계선을 동결선 이라고 한다.
물이 얼면 부피가 팽창하는 것처럼 땅이 얼면 부피가 팽창해 기초를 약화시키 기 때문에 얼지 않는 동결선 밑에 기초공사를 해야 한다. 동결선은 우리나라에 서도 지역마다 다르다. 동결선을 지키면서 기초공사를 하는지 건축주는 꼭 살 펴봐야 한다.

모든 일이 다 그렇지만 건축에서도 기초가 가장 중요하다. 기초공사 시 앞에서 서술한 공정들을 빠뜨리지 않았는지를 다시 살펴봐야 한다.

도면에 모든 내용이 표기되어 있으면 좋겠지만, 표기되어 있지 않다 면 추가 비용을 지불해서라도 현장에서 필요한 공정들을 추가로 조정 해야 한다.

③ 골조공사(신축)

구조체별 장단점과 체크사항을 함께 살펴보자. 구조체마다 장단점이 있고 건물의 규모와 용도에 따라 가장 합리적인 구조체가 있다. 기초공사 이후 구조체별 주요 체크사항은 다음과 같다.

철근콘크리트

철근콘크리트는 건축 공사에서 가장 많이 시공하는 골조공사다. 철근콘크리트 구조는 철근과 콘크리트가 일체로 결합한 하나의 복합구조체다.

철근은 주로 인장강도*가 강하고 콘크리트는 압축강도**가 강해 대부분의 건축물에 적용되는 이상적인 구조체다.

> * 인장강도(Tensile Strength)
> 물체가 잡아당기는 힘에 견딜 수 있는 최대한의 응력
>
> ** 압축강도(Compressive Strength)
> 어떤 물체가 압축에 대해 어느 정도 견뎌낼 수 있는지 한도를 나타내는 수치

또 철근과 콘크리트의 열팽창계수가 거의 일치해 온도변화에도 문제가 없다. 콘크리트의 경화로 인해 내부의 철근과 튼튼하게 부착·피복돼 철근의 내화력을 증진하고 부식을 방지한다.

철근콘크리트구조는 창호가 놓이는 위치에 창호 크기에 맞게 콘크리트로 잘 성형되고 있는지를 살펴봐야 한다. 벽체는 습기를 통과하지 않기 때문에 내부 습기관리가 잘 된다면 결로의 위험성이 비교적 낮다.

다만 철근콘트리트는 강도에 비해 자중이 크고 긴 공사기간을 필요

로 하는 것이 단점이 될 수 있다. 그러나 자중이 크면 진동과 소음이 적게 일어나기 때문에 다른 구조체에 비해 장점이 될 수 있다.

목조주택

기초공사는 철근콘크리트주택과 목조주택의 차이가 거의 없지만 그 위에 시공되는 골조는 자재와 공정부터 크게 다르다.

목조주택은 구조재와 합판, 못과 철물류를 사용해 골조공사를 시공하는 건식공법이기 때문에 시공기간이 짧고 친환경적이다.

스터드 사이에 단열재를 시공하는 중단열공법으로 철근콘크리트주택 대비 단열 효과가 뛰어나고 벽체의 두께도 얇아 공간활용이 유리하다.

골조공사 순서는 스터드 ⇨ OSB합판 ⇨ 타이벡 ⇨ (레인스크린) ⇨ 단열재 ⇨ 외부마감의 순이다. 시공절차가 간소하고 철근콘크리트 대비 공사기간이 짧고 공사비가 적다. 3층 이하의 주거공간에 비교적 적합한 구조체다.

상업공간을 목조로 시공하려면 내부공간을 최대한 확보할 수 있는 중목구조가 좋다. 목조주택은 벽체의 수직점검이 매우 중요하다. 기초에서 지붕까지의 오차가 클수록 단열재 시공과 외장 마감이 힘들어지므로 기준층에 대한 정밀도는 매우 중요하다.

목조주택의 하자는 대부분 레인스크린(드레인에이지 플레인)의 부재다. 레인스크린은 벽에 쫄대(또는 드레인 매트)를 대어 간격을 유지해서 환기통로 역할을 만드는 것을 말한다. 레인스크린은 외부에서 물이 들어오면 아래로 흘려보내고, 내부에서 습기가 들어오면 배출해서 건물을 습기로부터 보호하는 것이다.

그래서 목조주택의 골조는 레인스크린을 어떻게 처리하는지를 잘 살펴봐야 한다. 즉, 구조체 목재가 썩지 않도록 환기하는 것이 매우 중요한 것이다.

철골구조

철근콘크리트구조에 이어 가장 많이 시공되는 철골구조는 시공이 가장 간편하고 시공 기간과 비용이 적게 드는 구조체다.

철골구조는 구조체 자체보다는 구조체 시공 이후 어떤 재료로 외벽을 설치하느냐에 따라 성능이 달라진다. 보통 철골구조를 세우고 패널, 창호, ALC블록, 일반블록 등으로 외벽을 세운다. 철골구조는 다른 구조체보다 기밀시공에 만전을 기해야 한다.

철골 하나의 부재로만 짓다 보니 쉽게 부식이 발생할 수 있고 화재 시 철골이 휘어지는 등 취약점이 있기 때문에 겉에 내화피복 작업과 방청 처리 등이 필요하다.

또 진동과 소음이 심해서 이에 대한 대비도 해야 한다. 다른 재료에 비해 결로에도 약해 주거공간보다는 상업공간에 주로 사용된다. 하지만 꼼꼼하게 시공만 된다면 구조적으로 훌륭한 소재다.

④ 지붕공사 (신축/리모델링)

지붕은 눈, 비, 바람, 햇빛 등 모든 자연적인 요소에서 집을 보호해주는 역할을 한다. 외부의 열을 막아주는 역할뿐만 아니라 집 안 내부의 열이 밖으로 나가지 못하게 하는 단열효과도 있다. 지붕은 집 내부의 냉·온열을 25%~40% 뺏어가고 외부 냉·온열을 45%까지 받아들인다. 즉, 지붕은 집 전체 단열에 큰 영향을 미친다.

지붕의 재료는 보통 골조의 재료와 같다. 즉, 철근콘크리트구조는 철근콘크리트로 지붕을 만들고, 목조주택은 목조로 지붕을 만든다. 하지만 철골구조나 조적조는 패널로 지붕을 만드는 경우가 많다. 지붕의 종류가 다양한 만큼 어느 재료가 더 좋다고 할 수 없지만 지붕의 자재 가격만을 보고 선택하는 것보다는 누수나 단열에 강하고 튼튼한 재료를 선택하는 것이 현명하겠다.

얇은 패널의 경우 지붕에 방음조치를 하지 않으면 비오는 날 떨어지는 빗소리 때문에 잠을 설칠 수도 있기 때문이다.

일반적으로 목조주택 지붕시공 방식은 크게 콜드루프 방식과 웜루프 방식으로 나눈다.

콜드루프(북미식)

단열재

출처 : 저자 작성

분쟁 없는 건축을 위한 건축주 학교

콜드루프 방식은 웜루프에 비해 단열 성능이 25%가량 떨어진다. 지붕 밑 공기 순환층에서는 결로가 발생할 확률이 높다. 또한 단열재가 그대로 노출되어 결로로 인해 단열재의 성능이 떨어진다. 물론 열교가 발생하기도 쉬운 구조다. 콜드루프 방식으로 시공할 경우 단열재 위에 OSB 합판을 올리고 투습 방수지를 시공하면 되지만 불필요한 비용이 추가된다.

콜드루프의 한계가 있음에도 국내 목조 주택에서는 대부분 콜드루프 방식으로 지붕을 만든다. 그 대안으로 나온 것이 웜루프이다.

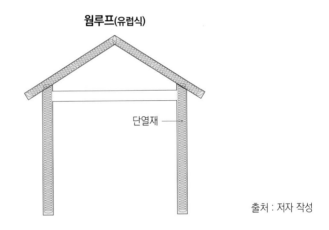

웜루프(유럽식)

단열재

출처 : 저자 작성

웜루프는 단열재가 연속되어 열교를 줄이는 데 유리한 구조다. 패시브하우스는 대부분 웜루프 방식으로 지붕을 시공한다.

그 위에 OSB 합판 + 투습방수지 + 각상 + 지붕재로 마감하면 결로나 습기가 단열재 위 각상에서 배출되므로 단열재를 보호할 수 있다. 한마디로 웜루프 방식의 지붕이 목조 지붕에서는 더 좋다는 이야기다.

만약 지붕 아래에 다락방이 있다면 무조건 웜루프 방식을 선택해야 한다.

⑤ 단열공사(신축/리모델링)

단열은 냉난방비를 절감하는 것과 동시에 쾌적한 실내환경을 유지하기 위한 것이다. 외기의 유입을 막고 내기의 손실을 차단함과 동시에 원활한 대류를 이용해 내기의 순환이 골고루 이루어지게 하므로 전도율이 낮은 단열재가 좋다.

단열재 선택이 중요한 이유는 기밀성을 유지하고 따뜻한 집을 확보하기 위해서다. 기밀성은 철근콘크리트주택이 목조주택보다 비교적 좋다. 반면 목조주택은 단열재를 스터드 사이에 채워 넣을 수 있는 중단열 시공이 가능하기 때문에 콘크리트주택보다는 벽체 두께가 줄어들어 실내면적을 넓게 사용할 수 있다.

아무리 단열재가 좋아도 기본적으로는 시공상 문제가 없어야 한다. 주요 시공에 대해 건축 감리를 철저히 하고 단열이나 난방 같은 기본적인 사항에 대한 문제가 발생하지 않도록 해야 한다.

이 밖에도 잘못된 창호 기밀과 단열재 시공으로 웃풍과 각종 결로 현상을 동반하는 현장이 많다. 하자가 잘못된 시공에서 비롯된 경우에 시공사가 시공에 문제가 없다고 주장하면 달리 대응할 방법이 없다.

단열공사는 내단열과 외단열로 나눌 수 있고 이에 따라 시공하는 공법도 달라진다. 단열재를 선정하고 열관류율까지 계산해 설계에 반영을 하려면 최종적으로 내단열을 할 것인지 외단열을 할 것인지를 선택해야 한다. 열손실은 벽을 통해 가장 많이 일어나고, 시공법에 따라 열손실을 줄이는 데도 많은 차이점이 있다.

단열은 단열재의 성능만큼 기밀시공이 중요하다. 개구부 주위, 벽 모서리, 벽과 천장이 만나는 모서리 등의 단열은 특히 주의해야 한다. 내부벽체에 투습방수지를 한 번 더 시공해 단열성능을 높여주면 더 좋다. 단열재료 및 시공방법은 시공계약 전에 반드시 확인해야 한다.

단열시공 후의 분쟁은 대부분 결로에 관한 문제로 발생한다. 내부 결로는 벽체 내의 어느 지점에서의 온도가 그 부분에 있는 습공기의 노점온도보다 낮으면 그 부분에 결로가 발생하는 것을 말한다.

표면 결로는 건물의 표면온도가 접촉하고 있는 공기의 노점온도보다 낮을 경우 그 표면에 발생한다. 그래서 표면 결로는 시공상의 하자보다는 생활방식으로 인한 하자가 많다. 준공 이후 하자의 대부분을 차지하는 결로와 단열에 대한 설명은 5교시에서 자세히 설명하겠다.

⑥ 외장공사(신축/리모델링)

외장공사는 골조공사가 끝나고 주택의 골격이 이루어진 구조체 외부 (지붕과 벽)에 바탕재료를 시공한 후 최종 마감재료를 마감하는 공사다.

창호 설치를 마친 후에 외벽마감재에 맞게 시공에 들어간다. 외장재료는 크게 외벽재와 지붕재로 나눈다. 외관을 연출할 때 시공된 골조와 가장 잘 어울리고 기능상으로도 튼튼한 재료를 선택해야 한다.

먼저, 창호와 외장재의 마감선을 잘 살펴봐야 한다. 창호가 외장재보다 더 나와 있으면 누수의 우려가 있다. 만약 의도한 디자인이라면 마감을 더 꼼꼼하게 해야 한다.

반대로 창호가 외벽 마감에 비해 많이 들어가 있으면 보기에도 좋고 비바람이 몰아쳐도 누수에 비교적 안전하다. 또 1층 바닥과 외장재 마감이 붙어 있으면 빗물 등의 이유로 외벽마감재가 짧은 시간 내 손상될 수 있다.

트렌치구조

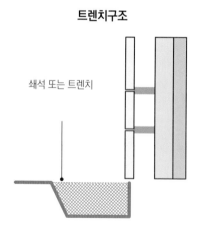

쇄석 또는 트렌치

출처 : 저자 작성

분쟁 없는 건축을 위한 건축주 학교

1층 바닥과 외장재 마감은 일정한 간격으로 띄우거나 트렌치 등을 설치하는 것이 좋다. 물론 물 등에 안전한 석재같은 재료는 문제가 되지 않는다.

⑦ 상/하수도공사

하수구 냄새로 인한 하자도 많다. 또한 싱크대 배수구나 바닥 하수구 막힘으로 역류하기도 한다. 아무튼 악취를 없앨 수 있는 조치가 필요하다. 배수가 잘 안 될 경우에는 배수구에 통기관*을 설치하면 배수가 원활해진다. 또 냄새가 날 경우에는 냄새방지 트랩의 봉수시설을 설치하면 냄새가 나지 않는다.

> *** 통기관**(Vent Pipe)
> ① 배수관 내부에서 발생하는 압력에 의한 파손을 방지하기 위해 배수관에 부설해 설치하는 공기 공급 목적의 파이프
> ② 트랩에 연결해 부패가스 등에 의한 트랩봉수 파괴를 방지하기 위한 파이프
> 출처 : 건축용어대사전, 기문당

바닥배수구 위치는 설비공사에서 매우 중요하다. 욕실의 경우, 욕실 바닥 중간에 바닥배수구가 위치해 있으면 욕실이 불편해진다. 세면대 밑 또는 욕조 옆에 바닥배수가 잘 될 수 있는 선에서 바닥배수구를 설치해야 한다.

그리고 무엇보다 건물 외부 설비공사가 어느 범위까지 가능한지 확인해야 한다. 또한 우수관 신설도 고려해야 한다. 우수관 교체공사 여

부를 확인해서 우수관이 건물 전면에 설치되지 않도록 주의해야 한다.

⑧ 전기공사

간접등을 만들기 위해서는 목공사를 통해 간접등 목작업을 먼저 선행해야 한다. 그리고 매입등을 설치하기 위해서는 추가적인 전기 작업이 필요하다. 전기공사는 전기조명도를 꼼꼼하게 그린 다음 현장에서는 이것이 잘 반영되었는지만 확인하면 된다.

전기구조

출처 : 저자 작성

⑨ 냉난방공사

난방공사는 바닥에 단열재를 깔고 와이어메시를 놓은 후 엑셀파이프나 PB로 난방 시공한다. 이후 방통으로 바닥 미장 시공을 마무리한

분쟁 없는 건축을 위한 건축주 학교

다(방통은 방바닥을 통으로 미장하는 공사를 말한다). 이때 엑셀파이프를 단단히 고정하고 방통 몰탈 타설 후에 미장 작업까지 꼼꼼히 살펴봐야 한다.

방통공사 견적은 난방공사에 포함되기도 하고, 미장공사에 포함되기도 한다. 비교견적 시 어느 쪽에 포함되었는지 확인해야 한다.

에어컨은 천정형 에어컨이 천정보다 낮게 설치되면 천정의 모양이 보기 좋지 않다. 천정이 낮은 경우에는 가급적이면 천정형보다 스탠드나 벽걸이 에어컨을 추천한다. 외부 에어컨 배관을 깔끔하게 숨기기 위해 외단열과 외장재 작업 전에 에어컨에서 실외기 자리까지 에어컨 설비배관 작업을 미리 진행한다.

에어컨 배관이 에어컨 외기와 어떻게 연결되는지 확인해야 하고 배관이 최대한 외부로 노출되지 않도록 배치한다. 또 에어컨과 가까운 곳에 콘센트가 있는지 확인해 전선을 깔끔하게 정리할 수 있어야 한다. 물론 벽걸이 에어컨의 콘센트는 위쪽에 스탠드 에어컨의 콘센트는 아래에 설치한다.

⑩ 창호공사

창호는 창문과 문을 총칭하는 말로 외부창호와 내부창호로 구분된다. 건축에서 창호는 방수와 단열효과뿐만 아니라 건물과의 조화까지 생각해야 한다.

창호공사는 내외부에 영향을 주는 매우 중요한 공정이다. 창호는 아무리 단열성이 뛰어난 제품을 사용하더라도 단열이 잘 된 외벽보다는 열손실이 많이 발생하기 때문에 조망과 채광, 환기를 위해 적재적소에 적합한 방식으로 잘 배치해야 한다.

일반적으로 주택의 외부 유리는 이중창인 경우 복층유리 22㎜를 많이 사용한다. 복층유리를 사용하면 단열과 단음의 효과가 크고 결로 방지에도 효과가 있다.

창호는 기본적으로 이중 창호를 사용하지만 목조주택의 경우에는 벽체의 두께가 얇아서 벽체두께가 얇아도 밀폐성이 좋은 시스템창호로 시공한다.

창호 시공이 잘못되면 여러 가지 하자가 발생해 건물관리에 영향을 주기 때문에 창틀과 문틀의 균형을 잡고 튼튼하게 고정을 하면서 외부 공기 유입까지 잘 막을 수 있도록 해야 한다.

새시하부 시공 후에는 새시틀 밑으로 물이 새지 않도록 조치가 잘 되었는지를 확인해야 한다. 브랜드나 스펙에 따라 가격과 성능의 차이가 크기 때문에 건축자재집을 확인하면서 점검해야 한다. 새시 설치 후 새시틀 주변을 기밀테이프로 완전히 밀봉하면 단열성능은 더 우수해진다.

⑪ 조적공사

조적은 재료들을 쌓아서 벽체 등의 공간을 만드는 작업이다. 조적벽은 기초가 있어야 한다. 첫 조적재를 시공하기 전 하부기초가 튼튼하게 시공되었는지를 살펴봐야 한다. 기초가 약하면 조적벽 전체가 약해질 수 있다.

조적벽을 다 세우고 마지막 상부마감을 어떻게 하는지도 살펴봐야 한다. 마지막 조적재는 정확히 맞추어놓을 수 없기 때문에 그 틈을 잘 메꾸어야 한다.

보통 시멘트 또는 우레탄폼으로 충진한다. 사실 조적공사의 가장 어려운 점은 운반이다.

⑫ 미장공사

미장은 바닥미장과 벽미장이 있다. 바닥은 면적이 큰 경우 기계미장(레미콘타설 방식)으로 시공한다. 그리고 벽미장할 시공면은 내벽과 외벽으로 나눈다.

미장 시공에서 일정 소요의 두께로 미장해야 균열이나 주름이 생기지 않고 마감면이 평탄해진다. 또한 방습, 방수, 방음 그리고 보온 등의 요구에 합치되도록 세심한 주의가 필요하다.

리모델링은 공사 전에 미장해야 할 범위를 반드시 확인해야 한다(바닥미장, 벽체미장, 크랙보수, 조적 후 미장 등). 특히 철거 후에 미장의 범위가 더 많아질 수 있으니 리모델링에서 미장은 현장소장과 계속적으로 의견 조율이 필요한 공정이다.

⑬ 방수공사

방수공사는 책임방수와 직영방수로 나누어진다. 직영방수는 저렴하지만 방수공사 후 하자보수 책임을 지지 않는다. 그래서 몇 년 동안 책임을 지는 책임방수인지 확인해야 분쟁을 예방할 수 있다.

지붕에 사용되는 우레탄 방수는 노출우레탄방수와 비노출우레탄방수가 있다. 노출우레탄방수는 콘크리트나 몰탈 마감면에 방수층을 만들어 우레탄이 표면에 그대로 보여지는 공법이고 비노출우레탄방수는 콘크리트나 몰탈 마감면에 방수층을 만들어놓고 그 위에 누름콘크리트를 타설하거나 타일이나 석재를 마감해서 우레탄방수층이 표면에 보이지 않게 방수층을 보호해주는 공법이다.

방수는 방수재를 바르는 일보다 바닥면을 정리하고 실란트로 보강하는 일이 더 중요하다. 누수 여부는 직접 물로 담수테스트를 해보지 않고 판단하는 것이 불가능하다. 물을 충분히 받고 최소 3~7일 정도 누수 여부를 점검하는 것이 좋다.

신축이든 리모델링이든 누수가 가장 큰 분쟁의 요인이 된다. 따라서 방수에 대해서 5교시에서 자세히 살펴볼 것이다.

⑭ 금속/유리공사

난간 등의 금속공사는 재료설치 시 방수처리를 어떻게 하는가가 중요하다. 외부에 사용하는 금속재는 반드시 방청재를 먼저 바르고 페인트 작업을 해야 한다. 기존 난간일 경우에는 방청재를 바르기 전에 녹을 최대한 제거하는 작업이 선행되어야 한다.

금속재를 고정시키기 위해 벽이나 바닥을 타공한 후 시공 주변 방수를 꼼꼼하게 하지 않으면 결국 누수나 백화현상 같은 하자가 발생할 수 있다. 디자인보다는 누수 등에 대한 조치에 대해서 현장소장과 잘 상의해야 한다.

⑮ 도어공사

선정된 제품으로 시공하고 문만 자연스럽게 열리면 큰 문제는 없다. 디자인 측면에서 문선몰딩을 입면도에 표현된 것처럼 시공되었는지 확인해야 한다. 기타 도어락이나 손잡이 같은 부자재가 견적에 포함되어 있는지도 확인한다.

⑯ 목공사

목공사는 목재의 가공, 조립, 설치에 관한 모든 시공을 말한다. 천정몰딩, 걸레받이, 방문, 가벽, 등박스, 단열작업 등의 작업이 있다.

신축은 벽체를 시멘트미장으로 마감하기도 하고 석고보드 등으로 한 번 더 시공하기도 한다. 새로 벽체를 세울 때도 조적, 금속 또는 샌드위치 패널로 벽을 세우는 경우도 있고 목재로 세우는 경우도 있다. 이 부분은 도면과 견적서를 통해 확인해야 한다.

욕실이나 다용도실은 물을 사용하기 때문에 벽체 재료는 목재보다는 조적재로 시공하는 것이 장기적으로 안전하다. 내부공간을 페인트로 마감한다면 석고보드를 2P 처리해야 한다는 점도 확인해야 한다 (2P는 석고를 2장 겹쳐서 시공한다는 의미다).

만약 마이너스몰딩으로 시공한다면 공사방법이나 금액이 조금 달라질 수 있으니 사전에 현장소장과 조율해야 한다.

⑰ 도장공사

리모델링에서 도장의 시공범위는 미장공사만큼 넓다.

외벽뿐만 아니라 담장까지 페인트 작업의 범위를 현장소장과 함께 미리 확인해야 한다. 그리고 가능하면 현장조색을 하지 말고 도장재료 매장에서 미리 원하는 색을 조색기계로 조색해 원하는 컬러를 현장으로 가져오는 것이 좋다.

페인트는 칠의 횟수가 중요한 것이 아니라 원하는 색이 나올 때까지 칠하는 것이 더 중요하고 만족도도 높다.

⑱ 타일공사

리모델링에서 보통 타일은 덧방시공을 한다(덧방시공은 기존 타일 위에 새 타일을 바로 붙이는 시공을 말한다). 하지만 기존 타일을 철거 후 시공하기로 합의했다면 덧방시공은 시공업체의 과실이 된다.

작업해야 할 바탕면 상태가 좋지 않거나 이미 한 번 이상 덧방시공이 된 경우에는 타일이 탈락해버리는 하자 발생의 가능성이 있으므로 주의해야 한다.

타일은 욕실, 발코니, 현관바닥 마감재로 많이 사용되는데 먼저 공간별로 벽과 바닥에 적합한 타일을 선택하고 선택한 타일이 맞게 발주되었는지까지 확인한다.

그리고 선택한 타일을 가로로 붙일 것인지 세로로 붙일 것인지를 결정한다. 또 타일벽 모서리는 어떻게 처리할 것인지도 정해야 한다. 벽 타일 모서리를 미리 45도로 재단(졸리컷)해오기도 하고 코너몰딩으로 마감하기도 한다.

⑲ 도배공사

거실이나 주방을 벽지로 마감할 것인지 페인트로 마감할 것인지는 목공사 중에 결정해야 한다. 목공사 이후에 페인트 마감을 요청하면 그때는 이미 늦은 것이다.

벽지로 마감하는 경우에는 석고보드 1장이면 되지만 도장으로 마감하는 경우에는 반드시 2장을 겹쳐 시공해야 이후에 균열이 적다.

도배 시공도 기초작업이라고 할 수 있는 초배작업이 중요하다.

도배와 도장 중에 어떤 마감이 더 좋다고 쉽게 단정하기는 어렵지만 디자인 측면에서는 도장마감이 더 좋아 보일 수 있다. 일반적으로 벽지공사보다는 도장공사가 인건비를 포함해 더 많은 비용이 든다. 도장마감을 할 때는 석고보드와 석고보드 사이의 이음매 처리를 매끈하게 해야 시공 후에도 균열 발생이 덜하다. 그래서 더 많은 비용이 발생한다.

⑳ 바닥공사

바닥재의 종류는 매우 다양하다. 최근에는 대부분의 현장에서 다른 재료에 비해 장점이 많은 강마루 시공을 많이 한다. 물론 원목의 고급스러움과 자연미를 더하고 싶다면 원목마루를 선택해도 된다.

거실과 주방은 타일로 마감하는 경우가 있다. 하지만 타일은 들뜸, 줄눈균열 등의 하자가 쉽게 발생할 수 있다는 점을 주의해야 한다. 바닥재 시공 시 걸레받이 시공을 포함해서 시공하는지를 반드시 확인하자.

㉑ 가구공사

가구디자인, 도어 및 상판의 종류, 싱크볼 모양, 후드의 종류 등은 이미 주방가구 설계를 하면서 결정한 것이니 제대로 현장에 입고되었는지를 확인하면 된다.

주방의 상판은 예전에는 천연대리석이나 스테인레스 등의 다양한 제품을 많이 선호했지만 최근에는 대체로 인조대리석을 선택한다.

하지만 인조대리석도 등급이 나누어져 있으니 선택할 때 잘 확인해야 한다. 주방설치 시 싱크대 상판 높이는 키의 1/2 + 5㎝ 가 적당하다. 그래서 상판의 높이가 보통 85~90㎝ 정도가 된다. 싱크대 높이가 맞지 않아 분쟁이 생기는 경우도 있으니 반드시 싱크대 높이까지 확인해야 한다.

㉒ 조명공사

전기조명도를 그릴 때 일반조명을 사용할 것인지, 매입조명을 사용할 것인지는 미리 결정해야 한다. 조명은 조명 자체의 형태보다 조명 빛의 색이 더 중요하다. 간접조명은 목공사와 함께 진행해야 하는 부분이므로 입면도와 천정도를 그릴 때 간접조명 디자인을 잘 고려해서 정하면 된다.

분쟁 없는 건축을 위한 건축주 학교

㉓ 위생기구

욕실의 위생기구 설치 후 실리콘처리를 할 것인지 아닌지를 결정해야 한다. 실리콘은 최대한 사용하지 않는 것이 좋다. 하지만 구조체를 더 단단히 잡아주는 역할을 한다면 실리콘 시공은 필요하다. 바이오실리콘 같은 제품을 사용해도 실리콘 줄눈은 결국 지저분해진다. 양변기는 수압조절이 잘 되는지를 꼭 확인해야 한다.

㉔ 외부공사

처마 마감과 지붕 끝선의 마감은 매우 중요하다. 이 부분이 깔끔하게 정리되어야 건물 전체가 조화롭게 보인다. 지붕 자재 자체보다는 끝선 마감을 어떻게 할 것인가를 잘 결정해야 하는 것이다.

가격이 저렴한 리얼징크보다 가격이 다소 비싸더라도 징크를 선택하는 이유는 결국 마감처리의 차이 때문이다. 외벽마감 이후 도시가스관, 전기계량기, 우수관 등이 전면에 노출되지 않도록 처리하는 문제도 매우 중요하다.

상가건물인 경우 간판의 위치는 설계 시 미리 반영해 놓아야 한다. 건물을 다 짓고 난 후 간판으로 덮어버리는 경우가 너무 많다.

외부담장 공사 여부와 마당 바닥재는 설계 시 결정된 내용을 잘 반영되었는지 확인하면 된다.

(7) 공간별 주요 확인사항

하자보수를 하기 전에 하자가 생기는 주요 원인을 알고 선조치를 취하는 것이 더 중요하다. 끝까지 A/S를 하겠다는 말보다는 하자를 줄일 수 있도록 시공하는 것이 더 현명한 선택이다.

① 욕실

설비/난방/방수

욕실 벽체가 세워지면 제일 먼저 설비 작업을 하게 된다. 즉 양변기 배수 및 냉수, 세면대 배수 및 냉온수, 샤워실 배수 및 냉온수를 설치하게 되는데 이때 벽이나 바닥에서 상하수도의 설치 위치가 매우 중요하다. 첫 단추를 잘못 끼우면 욕실 전체를 철거하고 새로 시공해야 할 수도 있다. 다음 그림을 참조해서 설치되는 높이를 다시 한 번 확인하자.

세면대 앵글밸브 530㎜ 벽배수 450㎜

출처 : 저자 작성

양변기 앵글밸브 170㎜ 배수 305㎜

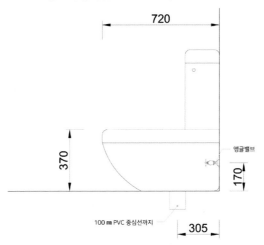

샤워기 앵글밸브 900~1,200㎜

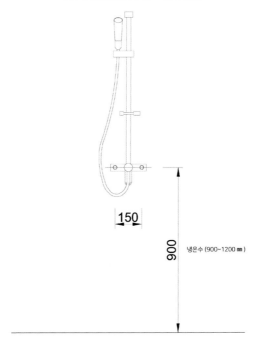

출처 : 저자 작성

욕실 바닥에 난방을 설치할 것인지 아닌지는 미리 건축주와 조율해야 한다. 만약 시공한다면 거실과 같은 라인을 사용할지 욕실만 별도로 분배할지도 결정해야 한다.

이제는 액체방수(액방)만으로 방수를 해도 하자가 없다는 말은 믿지 말자. 최소한 고막스 같은 방수재로 더 안전한 방수가 될 수 있도록 추가 내부 방수작업을 해야 한다.

특히 욕실 바닥면 모서리는 충분히 방수재로 시공해주어야 한다.

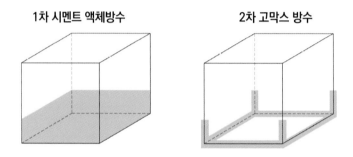

1차 시멘트 액체방수　　　　　　　　**2차 고막스 방수**

욕실 바닥높이와 구배

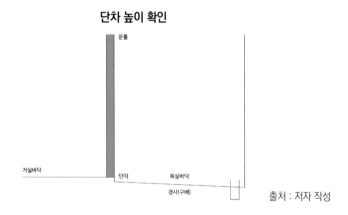

단차 높이 확인

문틀

거실바닥　　　　　　단차　　욕실바닥
　　　　　　　　　　　경사(구배)

출처 : 저자 작성

분쟁 없는 건축을 위한 건축주 학교

거실과 욕실의 바닥 단차는 매우 중요하다. 단차가 크게 나면 이동이 불편하고 단차가 작아도 배수와 누수의 문제가 발생할 수 있다(슬리퍼를 욕실도어 앞에 놓을 수도 없어 불편하다).

욕실 바닥 구배 때문에 거실 마감재와 욕실 타일의 최종 바닥 높이 단차를 정확히 판단할 수 없다면 두 공간의 바닥 차이를 최대한 벌려 놓으면 된다. 이후 바닥 높이가 결정되면 바닥 타일을 시공할 때 시다지(레미탈 이용) 작업을 하면서 바닥 높이를 조정하면서 타일을 붙이면 된다.

바닥 경사도(구배)는 정해진 것은 없다. 경사가 완만하지만 물이 고이지 않고 배수가 잘 되도록 구배 작업을 하면 된다.

유가와 타일

①번 위치에 유가를 놓는 것이 좋다.

출처 : 저자 작성

유가는 세면대와 샤워기가 있는 벽체 끝선에 최대한 가깝게 놓아야 한다. 유가가 욕실의 중앙이나 세면대 및 샤워실에서 사람의 발이 놓이는 자리에 있다면 보기에 좋지 않고 계속 불편하기도 할 것이다.

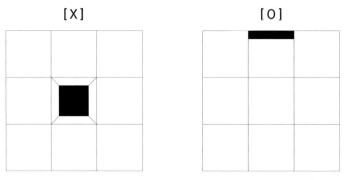

유가의 크기와 디자인이 매우 다양하니 최대한 타일을 조각 내지 않는 범위 안에서 타일 크기를 선택하는 것이 좋다. 유가는 가급적 바닥 타일에서 눈에 보이지 않는 것이 좋다. 그래서 유가와 바닥 타일 사이즈는 미리 결정하고 서로 조화를 이루도록 한다.

타일 사이즈(단위 : ㎜)

벽 타일과 바닥 타일은 줄눈을 맞출 수 있는 타일을 선택해서 줄눈이 벽과 바닥에서 자연스럽게 이어지도록 시공하면 더 보기 좋다.

분쟁 없는 건축을 위한 건축주 학교

위생기구

언더/탑/일반/건식 등 세면대의 종류는 매우 다양하지만 중요한 것은 세면대의 설치 높이다. 건축주에게 가장 적합한 높이를 잘 협의해서 설치해야 한다. 일반적으로 바닥에서 800㎜ 정도에 세면대 상부가 설치되도록 한다.

욕실은 공간의 크기에 비해 신경 쓸 일이 많다. 그래서 내부 공사에서 가장 많은 하자가 욕실에서 일어난다. 중요한 것은 유행하는 디자인이 아니라 높은 수준의 마감 능력이다. 결국 최종 평가받는 부분은 거주자가 하자 없이 편리함을 누리는 것이다.

② 현관/방

현관 바닥높이

현관과 거실의 바닥 단차도 욕실과 동일하다. 최종 마감 높이를 현장에서 판단하기 힘들다면 최대한 단차를 벌려놓고 추후 타일 시공할 때 시다지(레미탈)하면서 높이를 조정하면 된다.

하지만 현관은 외부에서 내부로 진입하는 공간이므로 현관의 높이는 정해지는 경우가 많다.

현관바닥 코너

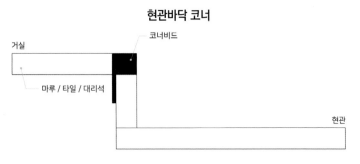

출처 : 저자 작성

사실 현관에서 중요한 것은 그림에서 보이는 부분의 마감이다. 타일의 윗면은 타일의 옆면과 색이 다르기 때문에 보통 코너비드로 마감을 한다. 그런데 생각보다 보기기 좋지 않다. 그래서 보통 현관 중문 앞까지 앞면과 옆면의 색이 같은 대리석 등으로 별도 마감 처리한다.

현관 타일 걸레받이

현관바닥 걸레받이 마감

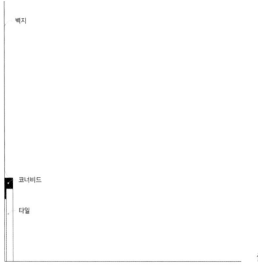

출처 : 저자 작성

분쟁 없는 건축을 위한 건축주 학교

바닥에 타일을 시공하고 같은 타일로 걸레받이를 만드는 데 이 부분도 마감 처리를 잘못하면 보기가 좋지 않다. 그래서 걸레받이 윗면에 코너비드 등으로 마무리하기도 하고 최대한 도배지로 걸레받이 타일 옆면을 가리기도 한다.

조명

현관이나 방의 조명은 현관장과 붙박이장이 설치될 것을 고려해서 조명의 중심선을 잡아야 한다. 아니면 조명이 한쪽으로 치우쳐 보인다. 이 부분은 생각보다 많이 놓치는 부분이다.

조명의 센터

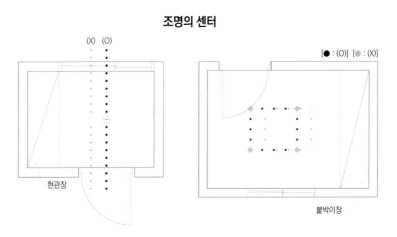

출처 : 저자 작성

새시 및 문선 몰딩

새시 및 문선 몰딩은 도배 마감을 생각해서 결정해야 한다. 새시틀과 문틀의 끝선이 벽체면과 일치하면 예쁘게 도배끝선 마감을 처리하기 힘들다. 이때는 문선몰딩 또는 코너비드 등을 이용해서 도배끝선을 깔끔하게 마감처리한다.

문선 몰딩

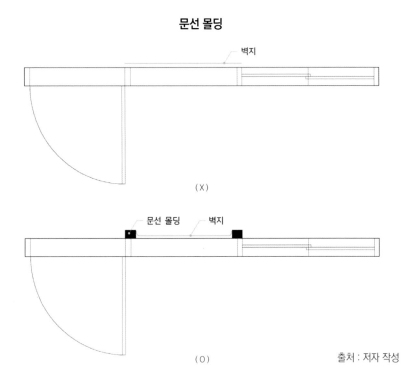

출처 : 저자 작성

문턱 유무

문턱 유무는 건축주와 미리 협의해서 결정해야 한다. 그렇지 않으면 문틀, 문짝 높이, 마루 마감 등 계속 문제가 발생할 수 있다.

분쟁 없는 건축을 위한 건축주 학교

만약 문턱 없이 시공한다면 바닥마감재와 문짝 하부 사이의 간격을 최대한 줄이도록 문 주문시 유의해야 한다.

기존 바닥이 완전히 평평하지 않으면 문틀을 먼저 설치하고 문짝은 바닥재 마감 이후에 주문하는 것도 하나의 방법이다.

③ 거실/주방/복도

바닥 미장 방법

바닥 미장은 보통 기계미장(방통)으로 진행한다. 방통 전 레이저 수평기로 미리 최종 미장 높이를 정해서 표시해놓아야 한다. 이 작업을 정확하게 해야 최대한 바닥 수평을 맞출 수 있다. 그리고 보일러 설치 전에 바닥 미장(방통)을 했다면 2주 정도는 바닥을 말리고 바닥 마감재를 시공해야 한다.

일정이 시급한 경우에는 미리 보일러를 설치하고 난방을 계속 가동해 바닥을 말리면 빠르게 말릴 수 있다.

미장이 완전히 마르지 않은 상태에서 마루 시공을 하면 마루가 썩어 들어가는 모습을 볼 수도 있을 것이다. 즉, 하자 중에서 큰 하자가 발생하는 시점이다. 마루 교체는 결코 만만한 작업이 아니다.

도배

벽면을 깔끔하게 처리하고 싶다면 최대한 부직포(초배)를 먼저 시공 후에 벽지(정배) 시공을 해야 한다. 만약 도배를 먼저 시공하고 마루를 시공하는 일정이라면 깔끔한 도배 마감을 위해 걸레받이를 먼저 시공한 후에 도배 시공을 하는 것이 좋다. 그러면 도배 마감 끝선이 더 깨끗해진다.

도배는 코너비드 등으로 벽 코너 마감을 깨끗하게 정리하고 문틀, 새시틀 등 다른 재료와의 접합 부분을 어떻게 처리할 것인지를 미리 고민해야 한다.

문높이 및 몰딩

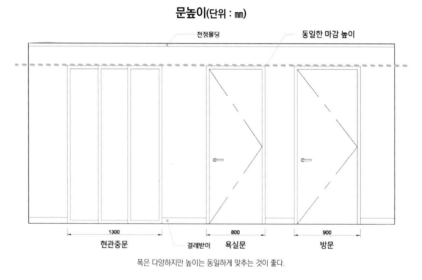

폭은 다양하지만 높이는 동일하게 맞추는 것이 좋다.

출처 : 저자 작성

문의 폭은 공간에 따라 다양하게 설치하더라도 문의 높이는 일정하게 맞추는 게 좋다. 또한 공간 전체의 조화를 위해 천정몰딩, 걸레받이, 도어, 중문, 문선 몰딩 등을 동일한 재질과 색상으로 지정하는 것

분쟁 없는 건축을 위한 건축주 학교

이 좋다. 같은 색상이라도 업체마다 조금씩 색의 차이가 있다. 심지어 같은 업체라도 생산날짜에 따라 색상이 다르게 나오기도 한다.

걸레받이와 도배지가 접합되는 부분이 중요한 것처럼 문틀과 도배지의 접합 부분이 잘 마감되어야 전체적으로 하자 없는 마감을 할 수 있다. 그래서 거실/주방/복도는 도배가 다른 재료와 접합되는 끝선을 어떻게 처리하면 좋을지를 고민해야 한다. 더욱이 마이너스 몰딩, 간접조명 등의 마감 처리를 잘하면 업체는 더 좋은 평가를 받는다. 물론 가장 간편한 방법은 몰딩을 활용하는 것이다.

가구

주방가구의 디자인은 주방 벽 타일의 종류에 따라 큰 영향을 주기 때문에 신중하게 선정해야 한다. 그리고 시스템 가구는 EP마감을 어떻게 하느냐에 따라 가구의 수준을 결정한다.

가구의 몸통 재료와 도어 재료는 다르다. 그래서 전체적으로 도어 재료만 주방가구에서 보이도록 도어와 같은 재료로 만든 EP로 주방가구의 몸통재료가 보이지 않도록 마감 처리를 한다.

대리석 상판 높이는 고객과 미리 결정해야 가구 시공 후에 하부장을 철거하는 일이 발생하지 않는다. 상판 높이는 보통 사용자의 키/2 + 5cm 정도가 적당하다(예 : 키 160cm 사용자의 상판 높이 : 160/2 + 5 = 85cm). 가족 구성원들은 공용공간인 주방에서 상판 높이와 같은 치수를 잘 협의해서 결정해야 한다.

주방의 구조와 명칭

EP를 잘 이해하면 고급스런 주방을 만들 수 있다.

출처 . 저자 작성

④ 건물 외부

새시

새시틀 마감

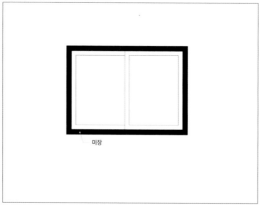

출처 : 저자 작성

분쟁 없는 건축을 위한 건축주 학교

새시틀 설치 후 새시틀 끝선을 미장 등으로 살짝 덮어주면 새시틀 공간에서 생기는 하자가 현저히 줄어든다. 단, 이때 새시틀 바닥에 있는 물구멍을 절대 막아서는 안된다. 그리고 새시 설치 시 가급적 새시틀 하부에 피스를 사용하지 않는 것이 좋다. 피스로 고정하고 보통 실리콘으로 덮어버리는데 시간이 흘러 여기서 누수가 발생하는 경우도 있다.

새시의 설치 높이는 내부 바닥을 기준으로 잘 정해야 한다. 보통 방의 경우 900~1,000㎜ 사이에 창틀을 설치한다. 거실의 경우에는 외부로 출입하는지 등을 확인하고 신중하게 높이를 결정해야 한다.

건물 외벽

스타코 같은 미장재료와 달리 현무암 같은 석재를 건물 외벽에 시공하는 경우 석재의 사이즈를 잘 결정해야 한다. 특히 창틀과 석재 사이즈를 잘 조정해서 줄눈까지 조화를 이루어야 한다. 가급적 미리 외벽 입면도에서 석재 사이즈를 고려하고 확인하는 것이 좋다.

창틀과 외부석재의 사이즈 관계

출처 : 저자 작성

외부조명

외벽은 석재, 목재 등 다른 마감재를 추가로 시공하지 않는다면 보통 페인트 마감을 하게 된다. 이때 외부조명 전선관을 미리 설치해놓지 않으면 외부조명선이 노출된다.

내부에서 외부로 미리 구멍을 뚫고 전선관을 지정된 위치에 묻어놓자. 외부 마감재 시공을 한다면 나중에 정확한 위치를 다시 정할 수도 있다. 이때도 이미 확정된 외부입면도가 꼭 필요하다.

내부 공간에서 대문을 열어주기 위해서는 건물에서 대문까지 전선관을 묻어두어야 한다. 이것도 미리 계획해놓지 않으면 전선관이 노출될 수도 있다.

전선관

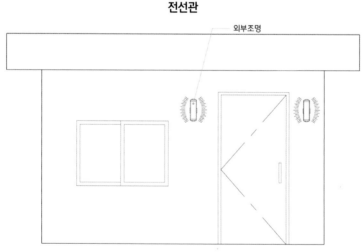

외부조명

출처 : 저자 작성

외부뿐만 아니라 내부의 경우에도 전기 도면을 상세히 그려놓지 않으면 내부 마감 후 깜박하고 놓친 전선들이 계속 문제가 될 수도 있다. 전기공사의 경우 목공사를 진행하면서 중간중간 확인하지 않으면 놓치는 것이 많다. 따라서 전기 도면을 상세히 그려놓고 계속 확인하면서 시공해야 한다.

시공과정 중에 체크해야 할 사항은 정말 많다. 하지만 이 모든 것을 직접 다 점검하려면 건축주가 현장에 늘 상주해야 한다. 현실적으로 모든 과정을 일일이 확인할 수 없다면 공정별 주요 점검 포인트만 잘 점검해도 좋은 건물을 지을 수 있다. 이 모든 과정에는 현장소장과 긴밀한 소통이 이루어져야 함은 물론이다. 물론 PM이나 감리자와 함께 하면 전문성이 더해질 수 있다.

하자보수 단계
(방수/결로/단열)

01 하자 없는 건축물은 없다

하자 없는
건축물은 없다

건축물의 하자란 건축물의 기능상, 안전상, 미관상 지장이 있는 것을 말한다. 건축물의 완공된 시점 또는 완공 이후 기대했던 상태와 실제 상태상의 격차가 발생하는데 이를 '하자'라고 한다. 하자는 공사상의 잘못으로 건물에 균열이 생기거나, 비틀림, 들뜸, 침하, 누수, 작동 또는 기능불량 등 문제가 생기는 것을 모두 하자로 볼 수 있다.

준공 이후 가장 흔히 생기는 하자는 방수공사 부실로 인한 누수현상, 단열공사 부실로 인한 결로 및 열 손실, 설비공사 미비로 인한 하수·오수 배관의 막힘, 역류, 누수 등이다.

이런 이유로 분쟁이 생기는 경우에 하자의 발생 시기를 입증하기 위해 반드시 사업주체 또는 시공자에게 하자보증기간 안에 근거자료를 바탕으로 하자보수를 요구해야 한다.

사업주체 및 시공사가 고의 또는 과실로 설계도면이나 시방서대로 시공하지 아니하고 상이하게 시공했다거나, 낮은 품질의 제품을 자재로 사용하거나 임의대로 설계를 변경해 시공한 상태를 모두 하자라고 말한다. 예를 들어 바닥 마감재의 재료변경 및 설비배관의 재료변경, 관경축소, 창호의 유리두께 변경은 오시공(변경시공)으로 볼 수 있다.

하자의 모든 것

모든 공사가 끝나면 입주가 시작된다. 입주 이후에 발생하는 공사하자는 어떻게 처리해야 할까?

집을 짓는 사람들이 대부분 하자이행보증증권 발권이나 A/S 기간 등이 명시된 내용만 있으면 건축 이후에 문제가 발생해도 하자보수가 가능할 것이라고 생각한다.

여기서 하자이행보증증권이란 SCI 서울보증에서 운용하는 보증보험을 말한다. 하자이행보증증권을 신청하면 피보험자가 입게 되는 손해를 보장하며 수주자(하자보수 의무자)가 보완을 이행하지 않음으로써 받게 되는 손해를 보상받게 된다.

준공 검사 완료 후 시공사가 인테리어 불량과 같은 하자 발생에 대한 보수 의무를 이행하지 않는 경우에 건축주가 입게 되는 손해를 보상해주는 보증보험이다.

그러나 하자의 범위, 금액 그리고 기간 등에 많은 제약이 있어 이는 분쟁의 예방 차원에서 최소한의 안전장치일 뿐이다.

집을 짓는 과정은 모두 사람이 하는 일이기에 건축주와 시공사의 관계가 매우 중요하다. 건축 이후 분쟁은 건축주가 설계사 및 시공사와 지속적으로 유대관계를 가지고 해결하는 것이 가장 좋다. 어떤 문제로 상황을 악화시킬 것이 아니라 분쟁을 최소화해 더 많은 혜택을 누려야 한다.

분쟁으로 이익을 얻은 건축주는 거의 없다. 혹 이익을 얻을 수 있을지는 몰라도 그 과정에서 몸과 마음이 피폐해진다. 대부분 분쟁은 주택 하자의 '3대장'이라고 할 수 있는 방수, 결로, 단열문제로 발생한다.

방수, 결로, 단열(방·결·단)은 하자보수의 핵심이다. 좋은 건물은 방결단을 잘 설계하고 시공한다. 방결단만 해결해도 분쟁 없이 건축할 수 있다. 주택의 안전성과 내구성, 단열, 방수 등은 기본 중의 기본이다.

이제부터 살펴볼 방결단 부분은 설계와 시공과정에서 더욱 주의 깊게 살펴봐야 한다.

1. 방수

방수와 구조보강은 밀접한 관련이 있다. 즉, 튼튼한 구조 없이는 완벽한 방수를 할 수 없다. 방수에 앞서 건물의 벽체나 바닥의 처짐 현상은 없는지 구조적으로 안전한지를 먼저 살펴봐야 한다. 특히 리모델링의 경우, 사전 구조검토는 반드시 필요한 과정이다.

다음 그림과 같이 처마의 처짐 현상을 구조 보강하지 않으면 지속적으로 옥상이나 외벽에 방수 문제가 제기된다.

H빔 구조보강

크랙 보수

H빔 구조보강

(1) 누수 발생 위치와 해결 방법

누수는 물이 새는 현상을 말한다. 주로 천장이나 바닥 혹은 벽이 젖는 것에서부터 시작된다.

누수가 골치 아픈 이유는 우리집만의 피해가 아니라 이웃에게도 피해를 주기 때문이다.

신속하게 누수의 원인을 해결하는 것이 중요한데 방수공사를 이해하기 위해서는 우선 누수가 발생하는 위치를 정확히 알아야 한다.

누수가 어디에서 어떻게 발생하느냐에 따라 다음과 같이 구분할 수 있다.

① 외부 누수

옥상 바닥

옥상 바닥이 노후되면, 기존 방수층이 파괴되고 바닥에 균열이 생긴다. 균열 부분으로 빗물 등이 침투하면 건물 전체에 누수가 발생한다.

외부 누수위치

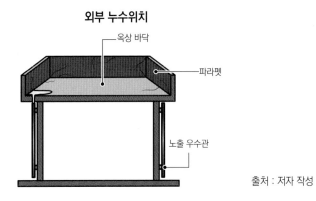

출처 : 저자 작성

건물 외부 벽체 크랙

건물은 주변 도로의 충격이나 지진 등에 의해 미세하게 움직인다. 유동성이 거의 없는 콘크리트, 벽돌 같은 벽체를 페인트로 마감한 경우 건물의 흔들림으로 인해 크랙이 발생하고 그 사이로 물이 침투한다.

출처 : 저자 작성

철근콘크리트 벽체의 경우, 벽에 크랙이 생기면 빗물이 침투해 내부의 철근까지 부식시킨다. 균열 보수를 하지 않으면 부식된 철근이 팽창해서 균열을 더 가속화한다.

파라펫(옥상 난간)

옥상 표면이 깔끔한 경우, 실제 누수는 옥상 바닥 하지면의 균열보다는 파라펫 균열을 통해 유입된 물이 건물 전체에 누수를 일으키는 경우가 많다.

노후화된 파라펫은 표면 방수뿐만 아니라 이음새나 모서리까지 꼼꼼하게 마감해야 한다. 또 파라펫에 간판이나 전선 설치를 위해 못이나 피스같은 부속물을 박는데, 이렇게 못이나 피스로 생긴 구멍에 물이 들어가 누수가 발생한다.

파라펫은 보강하는 것도 중요하지만 손상되지 않도록 유지하는 것이 더 중요하다.

옥상 바닥과 파라펫의 이음매 부분

출처 : 저자 작성

건물을 지을 때 옥상 바닥과 파라펫 시공을 일체형으로 동시에 시공하는 것보다는 바닥 시공 후 파라펫을 별도로 시공하는 경우가 많다.

옥상바닥과 파라펫 조인트 부분, 파라펫 난간 부위 등에 크랙이 진행되면 바닥에 시공된 방수층도 바닥과 이어지는 부분이 함께 갈라지고 들뜨는 하자가 발생할 수밖에 없다. 그래서 프라이머를 바르고 난 이후 실란트 등으로 꼼꼼하게 틈을 막아야 한다.

우수관 주변

우수관 주변은 누수가 가장 많이 발생하는 부분이다. 우수관 시공은 보통 바닥에 구멍을 뚫고 PVC관을 삽입하는 방식으로 이루어진다.

이후 바닥 구멍과 PVC관 사이에 실란트와 방수제로 틈을 완전히 메꾸어 시공

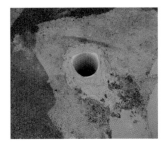

출처 : 저자 작성

한다. 하지만 PVC관이 수축과 팽창을 반복하면서 바닥 구멍과 PVC관 사이에 틈이 발생한다.

우수관 방수에서 가장 주의해야 할 것은 옥상 빗물이 PVC관으로 들어가 1층 바닥에 떨어져야 하는데, 비가 올 때 흐르는 물이 바닥 구멍과 PVC관 사이의 틈으로 들어가 아래층 천장과 벽체에 누수가 생길 수 있다. 이음 부분과 우수관 주변부는 늘 물이 고이지 않게 깨끗이 정리해주어야 한다.

벽체와 새시틀 이음부

벽체와 새시틀 이음부도 사선 균열이 자주 발생한다.

미세한 균열은 크랙 보수제로 보강하면 되지만 균열이 큰 경우에는 레미탈 등으로 먼저 충진하고 크랙 보수제를 바른 다음 마감재로 처리한다.

출처 : 저자 작성

② 내부 누수

욕실, 발코니, 다용도실 바닥

욕실, 발코니, 다용도실 등의 바닥은 방수층이 깨지면 아래층에 누수가 발생한다. 이 경우에는 바닥 타일을 철거하고 새로 방수 작업을 해야 한다.

시멘트 액체방수(액방)만으로 누수가 우려된다면 액체방수를 시공한 이후에 고막스 같은 방수제를 한 번 더 도포해주는 것이 좋다.

바닥 난방 파이프 파열

난방파이프, 상하수도PVC파이프, 우수관PVC파이프 등에 구멍이 났거나 깨졌다면, 파열된 부위를 찾아내서 그 부위를 자르고 이음 부속으로 새롭게 연결해야 한다.

바닥의 경우 눈으로 바닥 표면을 쉽게 확인할 수 있다면 먼저 바닥 마감재를 걷어 내고 누수가 확인된 위치의 난방 파이프 부위를 잘라 새롭게 연결한 후 다시 미장하고 마감하면 된다. 다만 누수 부위를 눈으로 확인할 수 없다면 누수탐지기를 이용해야 한다.

또한 공간별로 나누어진 난방 분배기를 누수점검기로 바로 확인할 수도 있다. 기존 난방 파이프가 동파이프라면 무조건 PVC X-L 파이프나 PB파이프로 난방 공사를 새로 하는 것이 좋다. 부식된 동 파이프가 한 번 터지면 계속 누수가 발생하기 때문이다.

상하수도 배관 파열

흔히 상수도 누수는 과도한 수도요금을 통해 의심을 하게 된다. 상수도는 수압 때문에 누수 자리가 외부로 금방 드러나기 때문에 누수 부위 확인이 쉽다. 터진 상수도 파이프는 그 부위를 잘라서 연결부속으로 연결하면 된다.

2층 이상 층의 상하수도관이 터지면 비교적 쉽게 누수 부위를 확인할 수 있지만 1층이나 지하층의 경우는 오랫동안 누수가 진행되어도 모른 채 생활하기도 한다.

하지만 진짜 문제는 하수도다. 하수도는 바닥에서 올라오는 습윤한 물기를 통해 겨우 누수를 감지한다. 이 경우 이미 바닥은 물로 젖어 있다. 하수도 누수는 증상이 서서히 드러나기 때문에 쉽게 확인하기도 어렵다.

누수가 의심되면, 내시경처럼 생긴 누수 확인 카메라를 하수도 내부로 삽입해 누수 부위를 찾아내야 한다. 누수 부위가 확인되면 그 주변을 철거하고 배수관을 절단해 새로 연결해야 한다.

벽체 매입 우수관

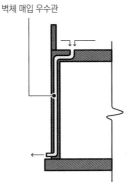

벽체 매입 우수관

출처 : 저자 작성

리모델링의 경우, 공사 전에는 문제가 없었더라도 철거작업 시 건물에 가해지는 충격 등으로 노후된 배수관이 깨지면서 물이 새는 경우가 종종 있다.

특히 벽에 매입된 우수관이 깨지는 경우는 자주 발생한다.

누수가 생긴지 모른 채 방치하는 경우 건물구조 안전에도 영향을 주기에 가급적 발견 즉시 해결하는 것이 좋다. 따라서 설계와 시공과정에서부터 누수가 잘 발생하는 주요 부위를 확인하고 방수 공법을 꼼꼼히 살펴보자.

더 꼼꼼한 옥상 방수 시공

유성 우레탄으로 옥상 방수를 한다고 해도 방수제가 열과 자외선에 노출되면 하자나 누수가 발생한다. 여기에 몇 가지 추가적인 조치를 더하면 꼼꼼하고 안전한 방수공사를 할 수 있다.

① 바닥과 파라펫의 모서리 면처리 부분은 둔각으로 처리한다.

② 파라펫의 윗부분까지 방수 처리한다.

③ 파라펫의 윗부분에 금속으로 두겁을 씌운다.

④ 우수관 주변에 있는 낙엽 등의 오염 물질은 항상 청소한다.

⑤ 에어컨 실외기는 EPDM 패드를 설치하고 그 위에 실외기 다리를 놓는다.

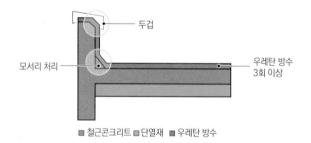

2. 결로

단열을 설명하기 전에 결로에 대한 기본지식부터 알고 가자. 설계와 시공 시 결로 현상의 원리를 이해하면 준공 이후 발생하는 하자를 줄일 수 있다. 결로가 생기는 이유는 실내 습도가 높으면서 실내외 기온차가 큰 경우 실내 온도에 비해 내벽 온도가 낮아지면서 내벽에 결로가 생긴다. 이때 단열재 시공을 완벽히 하면 결로를 현저히 줄일 수 있다.

(1) 결로의 조건

공기 중에는 수증기가 포함되어 있다. 공기 중 수증기 양은 대략 2~25g/㎥ 정도이며, 기온에 따라 달라진다. 기온이 높을수록 수증기의 양이 증가하고, 기온이 낮을수록 감소한다. 만약 실내 온도에서 공기가 품을 수 있는 수증기의 최대량을 초과하면 물로 배출되는데 이것을 '결로'라고 한다.

상대습도

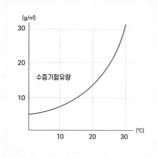

공기 속에 포함되어 있는 수증기의 양을 말한다. 일정한 부피의 공기가 최대로 품을 수 있는 포화수증기량 대비 현재 존재하는 수증기량의 비율을 백분율(%)로 표시한 값이다.

온도가 높아질수록, 급격하게 수증기 함유량이 많아진다.

어떤 공간의 공기 속에 수증기가 전혀 존재하지 않는 완전 건조한 상태라면 0% 상대습도를 갖고, 포화수증기량만큼의 수증기가 들어 있다면 100% 상대습도를 갖게 된다.

절대습도

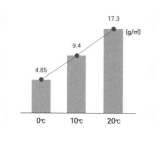

실제로 공기 중에 있는 수증기의 양을 말한다. 절대습도의 단위는 g/㎥로 1㎥의 공기 중에 몇 g의 수증기가 들어 있는지를 나타낸다.

20℃의 공기는 17.3g, 10℃의 공기는 9.4g, 0℃의 공기는 4.85g의 수증기밖에 함유할 수 없다.

출처 : 기상학백과

구체적으로 예를 들어보자. 온도가 20℃이고 상대습도가 50%(수증기 8.65g/㎥ 함유)인 공기가 급격하게 냉각되었다.

그러면 공기의 양은 감소하지만 공기 안에 있는 수증기의 양은 변하지 않는다. 결국 공기 안에 수증기가 가득 찬 상태가 된다.

즉, 상대습도가 100%가 되는 것이다. 이것을 포화 상태라 말한다.

분쟁 없는 건축을 위한 건축주 학교

수증기가 물로 배출되기 직전 그 한계에 달한 때의 온도를 노점 온도라고 한다. 즉 노점 온도는 이슬이 맺히는 시점이다. 이 이슬을 우리는 결로라고 한다.

노점온도

상대습도 / 공기온도	20	25	30	35	40	45	50	55	60	65	70	75	80	85	90	95
8							-1.8	-0.5	0.7	1.8	2.9	3.8	4.8	5.6	6.5	7.2
10							-0.1	1.4	2.6	3.7	4.8	5.8	6.7	7.6	8.4	9.2
12							1.9	3.3	4.5	5.6	6.7	7.7	8.7	9.6	10.4	11.2
14							3.4	5.1	6.4	7.5	8.6	9.6	10.6	11.5	12.4	13.2
16					2.4	4.0	5.6	7.0	8.2	9.4	10.5	11.6	12.5	13.5	14.4	15.2
18	-4.7	-2.0	0.2	2.3	4.2	5.9	7.4	8.8	10.1	11.3	12.5	13.5	14.5	15.4	16.3	17.2
19	-3.9	-1.3	1.0	3.2	5.1	6.8	8.4	9.8	11.1	12.3	13.4	14.5	15.5	16.4	17.3	18.2
20	-3.2	-0.5	1.9	4.1	6.0	7.7	9.3	10.7	12.0	13.2	14.4	15.4	16.4	17.4	18.3	19.2
21	-2.5	0.2	2.8	5.0	6.9	8.6	10.2	11.6	12.9	14.2	15.3	16.4	17.4	18.4	19.3	20.2
22	-1.7	1.1	3.6	5.9	7.8	9.5	11.1	12.6	13.9	15.1	16.3	17.4	18.4	19.4	20.3	21.2
23	-1.0	1.9	4.5	6.7	8.7	10.4	12.0	13.5	14.8	16.1	17.2	18.4	19.4	20.4	21.3	22.2
24	-0.3	2.8	5.4	7.6	9.6	11.3	12.9	14.4	15.8	17.0	18.2	19.3	20.3	21.3	22.3	23.1
25	0.5	3.6	6.2	8.5	10.5	12.3	13.9	15.3	16.7	18.0	19.1	20.3	21.3	22.3	23.3	24.1
26	1.3	4.5	7.1	9.4	11.4	13.2	14.8	16.3	17.6	18.9	20.1	21.2	22.3	23.3	24.2	25.1
27	2.1	5.3	8.0	10.2	12.3	14.1	15.7	17.2	18.6	19.9	21.1	22.3	23.3	24.3	25.2	26.1
28	3.0	6.2	8.8	11.1	13.2	15.0	16.6	18.1	19.5	20.8	22.0	23.1	24.2	25.2	26.2	27.1
29	3.8	7.0	9.7	12.0	14.0	15.9	17.5	19.0	20.1	21.8	23.0	24.1	25.2	26.2	27.2	28.1
30	4.6	7.8	10.5	12.9	15.0	16.8	18.4	20.0	21.4	22.7	24.0	25.1	26.2	27.2	28.2	29.1

출처 : 저서, 《우리 집이 앓는 속병》

노점온도 표를 보면 20℃의 온도에 상대습도 50%의 노점 온도는 9.3℃이다. 즉, 9.3℃ 이하로 냉각되면 수증기가 밖으로 배출되어 물방

울이 맺힌다. 결로가 발생된 것이다. 반대로 내부 벽체나 유리를 9.3℃ 이하로 냉각시키지 않으면 결로가 발생하지 않는 것이다.

하지만 주거공간에서 모든 공간을 9.3℃ 이상으로 유지하는 일은 쉽지 않다. 그래서 벽체에 단열을 완벽하게 하고 단열 유리로 된 창호를 만들면 외부의 찬 공기가 침입하지 못해 벽이나 유리의 온도를 유지한다.

이론상으로는 결로가 생기지 않아야 하지만 온도 차로 인한 결로뿐만 아니라 건물에서 발생하는 모든 수증기를 다 막을 수는 없다. 일상생활 속에서 발생하는 수증기, 외부 창문, 출입문 그리고 벽체의 갈라진 틈을 통해 유입되는 공기는 수증기를 포함하고 있다. 수증기를 포함한 공기가 통한다는 것은 내부로 물이 유입된다는 뜻이다.

결로가 생기는 것은 벽체가 습기로 젖어 있다는 것이고 이런 습기는 결국 곰팡이가 된다. 결로는 주로 천장 및 벽체 모서리 부위, 창문 주변에서 많이 생긴다. 특히 벽체와 천장 모서리 등 단열재가 제대로 이음시공 되지 않은 부분에서 찬 공기가 실내로 유입되어 결로가 많이 발생한다.

이론상으로 결로를 막는 방법은 간단하다.

첫째, 벽체의 온도를 일정 수준 이하로 떨어지지 않게 한다. 온도가 떨어지지 않으면 공기의 노점(이슬점)이 낮아지지 않기 때문에 결로가 발생하지 않는다. 이를 위해서는 벽체나 창호의 단열 기능을 강화하고, 겨울에 일정 온도 이상 난방을 유지해야 한다.

둘째, 실내에 포함된 수증기의 양을 줄인다. 공기 중의 수증기량이 감소하면 공기의 온도가 내려가도 결로는 발생하지 않는다. 이를 위해 환기와 제습 기능을 강화해야 한다.

문제는 이 간단한 해결 방법을 실제 생활에서는 적용하기 쉽지 않다는 것이다. 이유는 결로의 조건과 원인이 매우 다양하기 때문이다.

(2) 결로의 원인

① 열교 발생

단열 방법이 내단열인 경우에는 바닥이나 천장의 콘크리트가 벽과 맞닿는 부분에서 단열재가 끊어져 열교[*]가 발생하게 되는데 이때 결로가 발생한다.

② 개별난방과 간헐난방

겨울철 난방사용방식이 전실난방이라면 주택 내부 온도 차는 생기지 않는다. 하지만 개별난방[**]인 경우 난방을 하는 방과 난방을 하지 않는 방의 온도 차가 생기므로 결국 결로가 발생한다. 개별난방을 하면서 난방을 가동하지 않는 공간 또는 간헐난방[***]으로 차가워진 벽체는 결로가 발생할 확률이 매우 높다.

실내외 온도 차 발생 시 건물 외피에서 열의 이동이 발생하는 부위로써 상대적으로 열류량이 큰 부위에서 작은 쪽으로 발생한다. 이러한 열교는 건축물 전체의 단열성능 저하, 에너지 손실을 증가, 열적 쾌적성 문제를 야기하며 결로의 원인이 될 수 있다.

출처 : 대한건축학회, 건축용어사전

** 개별난방(Individual Heating)
보통 가정에서는 항상 사용하는 방만 난방하고 다른 공간은 차갑게 두는 편인데 이런 방식을 개별난방이라고 한다.

*** 간헐난방(Intermittent Heating)
하루 동안에 특정 시간대만 난방하고, 기타의 시간은 난방 장치의 운전을 정지하는 난방법을 말한다.

출처 : 네이버 지식백과, 건축용어사전

③ 환기 부족

높은 기밀성은 단열에 유리하지만 기밀성이 높아지면 생활 수증기가 빠져나가지 못해 오히려 결로가 발생한다. 일상생활 속에서 다량의 수증기가 발생되기 때문에 기밀성이 높은 건물은 더 확실한 환기 관리를 해야 한다.

(3) 결로의 위치

① 창호 주변

창호는 결로 방지를 위해 창호 자체의 열관류율 성능을 고민해야 한다. 열관류율은 단위시간(1시간)에 고체벽의 양측 유체가 단위표면적(1㎡)을 단위온도차(1℃)로 한쪽 유체에서 다른 쪽 유체로 전달하는 열량을 말한다. 열관류율과 기밀성, 가시광선투과율, 태양열취득률, 유리두께 등의 값에 따라 성능이 달라지며 건축물의 전체 에너지 성능에도 영향을 준다.

고성능 창호는 복층 및 삼중유리를 사용해 유리의 열관류율을 낮추고 단열 성능을 개선한다. 유리의 코팅을 통해 열획득량을 조절함과 동시에 투과성을 높인다. 프레임의 열교방지 디테일 및 단열보강으로 열관류율을 낮추고 기밀 성능을 확보해 창호 부위로 발생되는 열손실을 최소화할 수 있다.

② 벽체 및 벽체 모서리

벽체의 결로로 인한 곰팡이는 햇빛이 닿지 않은 벽체와 천정 모서리에서 많이 발생한다. 특히 단열재가 빠진 부분에서 찬 공기가 실내로 그대로 유입되게 되어 결로가 많이 생긴다. 벽체 모서리, 벽과 바닥 이음부에 단열재가 연속되지 않아서 발생하는 결로는 피할 수 없다. 그래서 단열재는 성능보다 더 중요한 것이 단열재와 단열재 사이 이음부의 완전한 시공이다.

③ 옥상 및 옥상 파라펫

옥상에 단열시공이 제대로 되어 있지 않다면 여름에는 푹푹 찌는 열기로, 겨울에는 우풍과 냉기로 많은 난방비가 들 뿐만 아니라 큰 온도 차이로 결로 현상으로 인한 곰팡이가 생길 수 있다. 옥상은 바닥뿐만 아니라 파라펫(난간)의 균열로 인해 건물 내부에 습기가 침투할 수 있다.

따라서 이 부분의 단열 시공이나 균열을 보수하는 일은 매우 중요하다.

④ 처마와 발코니

처마는 단열재 시공이 끊어지는 부분(열교현상)이 대부분이라 처마에서 냉기가 내부로 전달되어 결로가 자주 발생한다.

발코니나 다락도 기존 벽체에서 외부로 돌출된 부분이라 단열 시공을 제대로 하지 못해 결로가 발생하는 경우가 많다.

구조상 단열이 완벽히 되어 있지 않으면 외부의 차가운 온도가 그대로 실내로 전달된다. 실내의 더운 공기는 외부 온도에 의해 차가워진 구조체에 달라붙어 결로가 되는 것이다.

구조물의 단열효과를 높이는 설계와 꼼꼼한 시공이 필요하다.

(4) 결로의 종류

결로는 벽체 표면에 생기는 표면 결로와 벽체 내부에 생기는 내부 결로로 나눌 수 있다.

일반적으로 문제가 되는 결로는 내부 결로다. 표면 결로와 내부 결로의 양상과 해결 방법은 다음의 표에서 자세히 볼 수 있다.

표면 결로	구조체의 단열 부족에 의해 발생하며 부위 온도가 표면의 노점 온도 이하가 될 경우에 부위의 표면에 발생하는 결로 – 비난방 공간 창호의 새시 주변 – 외벽에 접한 가구의 배면 – 붙박이장의 내부 – 북측 벽의 모서리 상부 및 하부 – 베란다 내의 창고 등 단열이 되지 않은 공간의 외기에 면한 부위 등
내부 결로	방습 처리가 불비해 구조체 내 온도가 낮은 곳에 수증기가 침투해 발생

출처 : Journal of the KGBC 0406 vol. 4 no.2 – 이승언 (사)한국그린빌딩협의회

① 표면 결로

표면 결로 방지	
실내 온도를 60% 이하로 유지한다	– 실내 공간내 세탁물 건조는 가능한 자제한다. – 실내 공간에 식물이나 수조를 두지 않는다. – 거실이나 안방에서 욕실 문을 열어 두지 않는다. – 가능한 가습기 사용은 자제한다.
자주 환기한다	– 창을 열고 자주 환기한다. – 주방 후드나 욕실 환기 팬으로 자주 환기한다. – 가구는 일정 거리를 띄워서 배치해 막힌 공간을 만들지 않는다.

적절한 실내 온도를 유지한다	– 실내 온도는 겨울 22℃, 여름 26℃ 정도로 유지한다. – 실내에서 지나치게 낮은 온도의 공간을 만들지 않는다.
내부 마감 시 조습재를 사용한다	–

출처 : Journal of the KGBC 0406 vol. 4 no.2 – 이승언 (사)한국그린빌딩협의회

표면 결로를 해결하는 가장 좋은 방법은 난방을 통해 벽체를 냉각시키지 않는 것이다. 그리고 결로가 발생한 자리는 즉시 닦아내는 것이 좋다. 표면 결로는 위 표의 내용들만 잘 숙지하고 실천해도 대부분의 문제를 해결할 수 있다. 문제는 내부 결로다.

② 내부 결로(방습, 투습)

내부 결로는 구조체의 내부 어느 부분의 온도가 노점 온도보다 낮을 때 구조체 내부에 수증기가 발생하는 결로를 말한다. 내부 결로는 표면 결로보다 해결이 쉽지 않다.

내부 결로는 벽 속, 천장 안쪽, 바닥 밑 등에서 일어나기 때문에 결로가 생겨도 바로 눈으로 확인하기 어렵다. 골조에 습기가 가득 차고 곰팡이가 피면 내부에 결로가 발생한 것을 뒤늦게 확인하게 된다.

내단열(철근 콘크리트 구조)

내단열은 단열재가 실내 측에 있기 때문에 실내 열을 차단해서 콘크리트는 냉각된 채 있게 된다. 만약 단열재 속을 수증기가 투과한 경우 콘크리트가 수증기를 차단해버리기 때문에 그 속에서 냉각되어 결로가 발생한다.

공기 중에 수증기가 상대적으로 차가운 물체 표면에서 응결되어 액체화되면 흐르는 수분을 콘크리트가 약간은 흡수하지만 수분이 일정한 양을 넘어서게 되면 곰팡이가 번식한다.

결로 현상이 심각한 경우에는 철근이 부식되고 콘크리트는 중성화된다. 이런 상황이 지속되면 콘크리트의 강도가 약화되고 철근은 부식해서 콘크리트 균열을 가중시킨다. 내단열은 수증기가 단열재를 투과하지 않도록 조치를 취해야 한다.

수증기 투과

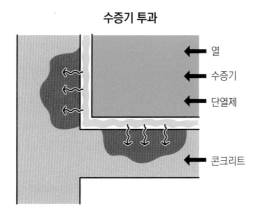

출처 : 저자 작성

외단열

외단열은 단열재가 콘크리트 벽의 외측에 있기 때문에 콘크리트는 항상 따뜻해진다. 단열재와 콘크리트 접촉면도 따뜻해진다. 그리고 콘크리트는 투습 저항이 높기 때문에 수분이 내부로 들어가지 못하게 막는다.

더욱이 단열재와 콘크리트 사이에 간격이 생겨 수분이 그 안에 들어간다 해도 결로가 잘 발생하지 않는다.

이처럼 내단열은 콘크리트의 투습 저항이 불리하게 작용하지만 외단열은 투습 저항이 유리하게 작용한다.

투습 저항

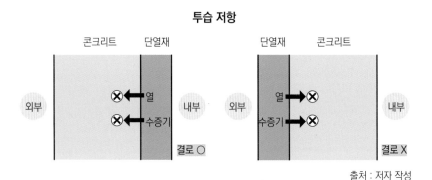

출처 : 저자 작성

철근콘크리트 구조의 경우 외단열이 결로 해결 측면에서는 더 유리하다. 하지만 콘크리트가 쉽게 따뜻해지거나 냉각되지 않기 때문에 콘크리트 구조체에 개별난방과 간헐난방으로 관리하면 문제가 생긴다.

외단열은 개별난방과 간헐난방 상태에서는 결로에 취약할 수 있다. 따라서 외단열의 장점을 최대한 이용하기 위해서는 콘크리트 축열성을 효과적으로 이용해야 한다. 꼼꼼히 단열된 외단열 주택은 적정 실내 온도를 유지하는 것이 냉난방비를 줄일 수 있고, 결로가 발생하지 않는 비결이 될 것이다.

(5) 내부 결로 해결 방법

내부 결로는 단열재가 실내의 열을 차단하고 외벽이 차가워져 있을 때, 실내 수분이 단열재 속을 투과해 외벽과 부딪쳐 결로가 발생하는 것이다.

그러면 내부 결로 문제를 해결하는 방법은 무엇일까?

① 벽 속에 수증기를 침투시키지 않아야 한다

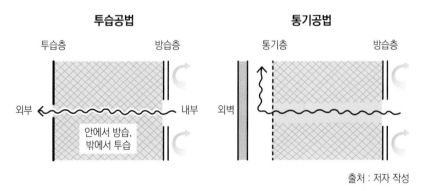

출처 : 저자 작성

방습층은 수증기를 차단하는 역할을 한다. 현장에서는 일반적으로 비닐이나 투습방수지가 방습층으로 사용되지만 현실적으로 수증기를 완전히 차단할 수는 없다. 콘센트나 환기구 등이 있어서 그 부분의 기밀 시공이 어렵기 때문이다. 따라서 실내 측에서는 방습하고, 단열재

속으로 침투할지 모르는 수증기를 바깥으로 투과시키는 방법을 고려해야 한다. 이때 수증기를 투과시키려면 외벽 자체에 투습성이 있는 자재를 이용하든지(투습공법) 외벽과 단열재 사이를 떨어뜨려 통기층을 만들면 해결된다(통기공법). 그러나 이런 경우에는 바깥의 차가운 공기도 벽 속으로 침투해버린다.

방습층 및 방풍층으로 내부 결로 해결

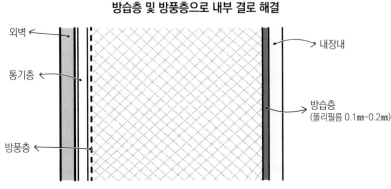

출처 : 저자 작성

이때는 방풍층이라 불리는 시트를 붙이면 된다. 방풍층은 공기나 물은 투과하지 못하지만 수증기는 투과한다. 고어텍스 같은 재료가 이러한 성질을 가지고 있다. 수증기의 크기는 공기나 물에 비해 매우 작아서 방풍층을 통과할 수 있기에 가능하다.

② 투습성이 있는 외벽을 만든다

벽 속에 침투한 수증기가 외벽을 투과해 버리면 좋겠지만 그러기 위해서는 외벽이 투습성을 지녀야 한다.

분쟁 없는 건축을 위한 건축주 학교

외국 주택의 경우 외벽에 벽돌, 널판 등 투습성이 있는 재료를 사용하지만 우리나라는 사이딩류, 금속류 등 수증기를 차단하는 재료를 사용한다.

단열재와 외벽을 떨어뜨려 통기층을 만드는 통기공법이 비교적 대안이라고 할 수 있다. 투습성이 없는 외벽이라도 수증기를 방출시킬 수 있기 때문이다.

정리하면 실내 측은 방습하고 외벽 측은 투습한다. 즉 안쪽은 기밀성을 높여 수증기를 완벽히 차단하고 바깥쪽은 수증기만 외부로 통과할 수 있도록 만들어주는 것이다.

③ 외측에 투습 저항이 높은 재료를 시공하는 경우 내측도 투습 저항을 높인다

현재 우리나라 목조 주택에 적용되는 2×4 공법의 구조용 합판은 외측에 시공한다. 합판과 같이 투습 저항이 높은 재료를 외측에 시공하는 경우에는 주의해야 한다. 만약 내진을 이유로 외벽에 합판을 설치했다면 실내 측의 투습 저항도 높여야 한다. 내측에 방습층을 시공하면 외측에 합판을 시공했다 하더라도 방습층의 투습 저항이 높기 때문에 결로에는 비교적 안전하다고 볼 수 있다. 즉, 외측에 투습 저항이 높은 재료를 시공하는 경우에는 내측도 투습 저항을 높여야 한다.

3. 단열

(1) 단열 성능을 높이는 방법

신축의 경우 콘크리트 건물을 건축할 때 구조체를 충분히 말리지 않으면 준공 이후 많은 문제가 발생할 수 있다. 구조체의 수분으로 인해 인테리어 마감재가 빨리 상하고, 단열재와 마감재에 가로막혀 미쳐 빠져나오지 못한 수분이 결로를 일으키기도 한다. 그래서 건물 준공이 늦어지더라도 골조를 완전히 말리고 마감 공사를 해야 한다.

외단열로 시공한 경우, 겨울철 실내 난방열을 벽체가 빼앗기 때문에 난방 초기에는 시간이 꽤 걸릴 수 있다. 하지만 실내에서 데워진 콘크리트 벽체는 실내 온도를 유지시켜주는 기능을 한다. 겨울철 태양열 채광으로 실내 온도를 높이면 콘크리트 벽체의 축열 기능은 더욱 강화된다. 축열로 따뜻해진 벽은 낮 동안 태양열로 데워졌다가 저녁부터 실내를 따뜻하게 만들어준다. 콘크리트 주택은 외단열을 꼼꼼하게 시공하고 전실 난방을 하면 큰 문제가 발생하지 않는다. 문제는 리모델링이다.

리모델링은 신축보다 복잡한 문제가 많다. 심각한 결로 현상으로 곰팡이가 자리잡은 경우 벽체나 창호는 물론 전선관까지 물방울이 남아 있기도 한다.

결로나 단열을 생각하면 모든 건물은 외단열로 단열 시공하는 것이 좋다. 하지만 기존 건물을 리모델링해야 한다면 무조건 외단열을 고집할 수는 없다. 기존 건물의 형태에 따라 외단열로 시공하기 어려운 경우도 있고 추가의 비용 문제가 발생하기도 한다.

① 경사 지붕 리모델링

경사 지붕에 내단열을 하는 경우에는 벽체와 단열재 사이의 결로수를 어떻게 해결할 것인가만 고민하면 된다. 하지만 경사 지붕에 외단열을 하는 경우는 외부 마감의 비용이 발생한다. 지붕 위에 단열재를 추가로 붙일 경우 지붕 마감재를 새로 시공해야 하고, 외벽에도 단열재 위에 추가적인 외벽 마감을 해야 하기 때문이다.

경사지붕 단열

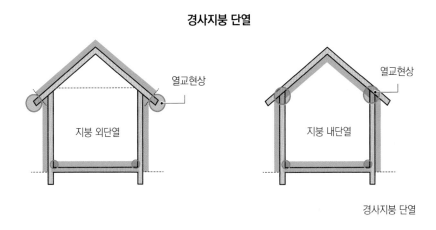

경사지붕 단열

비용을 줄이기 위해 내부 천정에 단열재를 붙이기도 하는데 이 경우 단열재가 이어지지 않아서 열교현상이 일어난다.

열교현상은 외벽이나 바닥, 지붕 등의 건축물에서 단열이 연속되지 않는 부분, 건축물 외벽의 모서리 부분, 구조체의 일부분에 열전도율이 큰 부분이 있을 때 그곳으로 열이 집중적으로 흐르는 현상으로 주로 처마 부근에서 열교현상이 많이 발생하고, 이는 결국 결로로 이어진다.

② 평지붕 리모델링

리모델링 시공 시 가장 많이 선택하는 단열 시공 방식이 바로 내단열이다. 평지붕에 내단열을 하면 내부의 온도와 습기로 인해 벽체와 단열재 사이에 결로수가 생기는데, 이 결로수가 단열재 사이에서 빠져나가지 못하는 것이 가장 큰 문제다. 철거된 내부 벽면이 거칠거칠하기 때문에 단열재를 벽체에 완전히 밀착시키기는 현실적으로 어렵다. 그래도 최대한 밀착시켜 시공해야 비교적 하자 없는 집을 만들 수 있다.

평지붕에 외단열을 하는 경우 가장 중요한 것은 옥상 위에 단열재를 붙인 뒤 마감을 어떻게 처리하느냐다. 옥상 바닥에 단열재를 붙이고 그 위에 미장을 하면 미장이 깨질 우려가 있어서 두껍게 미장을 해야 한다. 하지만 그만큼 높은 하중이 발생하기 때문에 아래층에 구조적 부담을 줄 수 있다. 그래서 구조적 부담과 비용 때문에 지붕 부분은 내부에서 단열재를 붙이기도 한다. 하지만 이런 경우 단열재가 연속으로 이어지지 않아서 결국 열교현상이 발생한다.

평지붕 단열

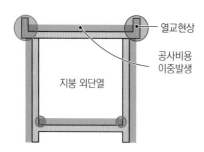

출처 : 저자 작성

분쟁 없는 건축을 위한 건축주 학교

주로 처마와 파라펫 부근에서 열교현상이 일어나며, 열교현상은 결국 결로로 이어진다. 그래서 건물의 처마와 파라펫은 별도로 단열 작업을 진행해야 한다. 만약 이 부분에 단열을 제대로 하지 못한 경우 다음 그림처럼 내부에서 부분적인 단열 작업이라도 반드시 해야 한다.

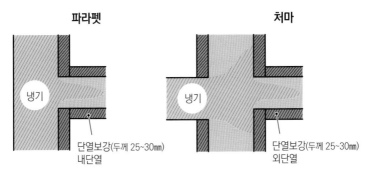

출처 : 저자 작성

(2) 단열의 구조

단열은 건물의 에너지성능을 좌우하는 중요한 요소다. 단열을 하기 위해서는 고기밀 시공이 필요하다.

건축법에서 만든 단열기준을 충족한 이후에는 기밀시공에 투자하는 것이 매우 바람직하다. 단열재의 성능과 기밀시공에 적절히 균형을 맞추고 습기를 제어하는 것이 경제적으로 에너지 손실을 줄이는 최고의 방법이다.

열을 담아두는 능력이 좋아도 공간의 크기가 너무 커 에너지 비용이 많이 든다면 축열체로 활용할 타이밍을 맞출 수가 없다.

예를 들면 주택의 경우 침실, 거실, 주방 등은 난방에 대한 열손실을 줄이기 위해 항상 보온이 필요하나 창고, 지붕속, 지하실, 물탱크실, 차고 등은 난방을 할 필요가 없다.

　이러한 비거주 공간의 외기에 면하는 부분은 결로 및 동파를 방지하기 위한 최소한의 단열구조로 하고 오히려 난방되는 공간과의 사이를 단열구조로 만들어야 한다. 즉, 비난방 공간은 외부로 간주해 난방 공간과 비난방 공간 사이에 단열 부위를 형성하도록 한다. 그러면 냉난방 운전이 정지되어도 축열 열량에 의해 일정 시간 온도를 유지할 수 있다.

　단열의 기본 구조는 다음과 같다.

① 외단열

통기층형

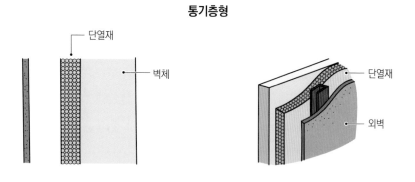

통기층형

출처 : 저자 작성

　외벽 마감재가 투습성이 없는 경우 통기층형 단열 방식을 선택한다.

밀착형(드라이비트류)

밀착형은 투습성이 있는 벽과 투습성이 없는 벽인 경우로 나뉜다. 투습성이 있는 벽의 경우는 투습성 있는 단열재 위에 메시를 부착하고 그 위에 모르타르 등으로 마감한다.

모르타르 표면의 도료도 투습성이 있는 재료를 사용한다. 투습성이 없는 벽인 경우 단열재도 투습성이 없는 단열재(발포 플라스틱)를 주로 사용한다.

밀착형

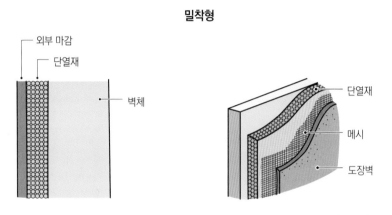

출처 : 저자 작성

중공형

중공형인 경우 중공층은 통기층형과는 달리 공기의 움직임이 없기 때문에 단열재나 외벽재 모두 투습성이 있는 재료를 사용해야 한다.

중공형

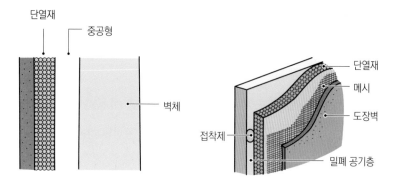

출처 : 저자 작성

즉, 투습성이 있는 벽체는 투습성이 있는 단열재를 사용하고 투습성이 없는 벽체는 투습성이 없는 단열재로 시공해야 한다.

② 내단열

내단열의 기본 구조는 밀착형이다. 밀착형의 경우 벽체와 단열재가 완전히 밀착해야 한다. 만약 빈틈이 생기면 수증기가 빈틈의 공기층에 침투해 결로를 발생시킬 수 있다. 그래서 결로를 막기 위해서는 단열재를 벽에 완전히 밀착시켜야 한다.

리모델링의 경우, 마감재를 철거한 대부분의 벽체는 단열재를 밀착 시공을 할 수 없을 만큼 벽체가 울퉁불퉁하기 때문에 더 꼼꼼하게 시공해야 한다.

(3) 단열 시공 시 추가 정보

신축의 경우는 처음부터 단열 시공을 고려해서 시공하기 때문에 큰 문제가 없다. 문제는 리모델링이다.

① 일반적인 주의사항

첫째, 단열재 선정 시 지역별, 건물의 부위별 필요한 단열재 기준이 있다. 건축법에서 정한 최소한의 기준은 따라야 한다.

둘째, 단열 시공에서 재료 선정보다 더 중요한 것이 틈새 처리와 밀착 시공이다.

셋째, 벽과 창호의 단열 계획뿐만 아니라 외부에서 인입되는 전선과 배관 등의 기밀 계획도 같이 이루어져야 한다.

② 벽체 모서리 시공

모서리와 단열재 이음매 부분은 우레탄폼 등을 이용해 확실한 기밀 시공이 이루어져야 한다. 물론 벽체 모서리에 단열재를 부분적으로 붙여주면 단열 효과는 더 좋다.

모서리 단열보강(600㎜)

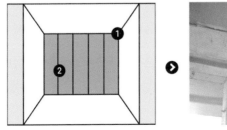 

출처 : 저자 작성

③ 새시 시공

벽체와 창틀 사이의 틈새를 우레탄폼 등으로 완전히 밀봉하고 창틀 주변에 기밀 테이프를 먼저 붙이고 단열재를 설치해야 창틀 주변에 누수와 결로가 발생하지 않는다.

또한 슬라이딩 창호의 기밀 성능은 창 프레임에 붙어 있는 모헤어가 많은 역할을 한다. 따라서 모헤어가 낡았다고 판단되면 교체해야 한다. 프레임의 기밀을 더 높이기 위해 풍지판을 설치하면 더 좋다.

④ 단열 유리

로이유리

로이유리는 유리 표면에 은 등의 금속 또는 금속산화물을 얇게 코팅해 열이 이동하는 것을 최소화해주는 저방사 유리라고 할 수 있다.

로이유리는 가시광선은 안으로 투과시키고 적외선은 대부분 반사시킬 수 있는 기능성 유리로 여름에는 시원하고 겨울에는 따뜻하게 실내를 유지해준다. 보통 페어 유리로 제작되고 코팅면은 안에 들어가므로 시간이 지나도 코팅이 손상되지 않고 오래 유지된다.

복층 유리

복층 유리는 페어 유리라고도 한다. 두 장의 판유리 사이에 공간을 두어 최소 두 겹 이상으로 만든 것이다. 유리와 유리 사이에 아르곤가스와 건조제를 넣어 만든다. 단열, 방음, 결로 방지에 좋다.

다만 유리를 접합한 부위의 접합체나 실리콘 등의 부식으로 공기층이 무너지기 시작하면 유리 내부에 습기가 차기도 하고 뿌옇게 변색되기도 한다.

⑤ 기밀 처리 부자재

창호용 기밀 테이프	전기 설비 기밀 테이프	전선 기밀 캡	배관 기밀 테이프
	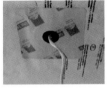		

출처 : 저자 작성

창호용 기밀 테이프

창호와 벽체 사이의 조인트 부위에 사용한다. 용도에 따라 외부용과 내부용으로 나누어져 있다. 내부용은 내부의 습기가 벽체로 들어가는 것을 막기 위한 방습기능이 있고 외부용은 방수기능과 함께 침투한 습기를 밖으로 배출하는 투습기능이 있다.

기밀 테이프는 골조의 종류에 따라 사용하는 종류가 다르다. 특히 철근콘크리트는 구조체 특성상 테이프가 쉽게 떨어진다. 따라서 접착력이 강한 제품군을 사용해야 하고 접착 전에 전용 프라이머를 먼저 사용하는 것이 좋다.

전기 설비 기밀 테이프

모든 전기선은 전선관을 사용해 시공한다. 이때 외부 공기가 전선관을 타고 이동할 수 있다. 이러한 공기의 흐름을 막기 위해 외부에서 건축물로 연결되는 배전반을 기밀하게 처리하고 전선과 전선관 사이에 전기 설비 기밀 테이프로 시공하면 된다.

전선 기밀 캡

분전반과 전선관 끝에도 기밀성이 필요하다. 전선관 끝에 전선 기밀 캡을 씌워 기밀성을 높일 수 있다. 창문이나 환풍기를 이용해 공기를 순환시키는 것 외에는 모든 공기를 차단하는 것이 결로를 예방하는 방법이다.

배관 기밀 테이프

외부에서 들어오는 전선 외에 기밀에 취약한 부분이 바로 설비 배관 파이프와 환기 배관이다. 배관 구멍의 크기가 전선보다 훨씬 크기 때문에 배관 주변에 결로가 생기기 쉽다. 개구부와 배관 주변에 배관 기밀 테이프로 배관에서 새는 공기와 습기를 완벽하게 차단하자.

하자보수 단계에서 방수, 결로, 단열만 잘 이해하고 대비한다면 건물 관리에 큰 어려움이 없을 것이다. 이를 위해 건물 설계 단계에서부터 방결단에 문제가 안 생길지 꼼꼼히 체크해야 한다. 혹시 설계에 일부 내용이 빠져 있다면 시공단계에서 보강하면 된다. 이를 위해 건축주 스스로가 기본적인 학습이 되어 있어야 한다.

분쟁 없는 건축을 위한
건축주 학교

제1판 1쇄 2023년 7월 27일

지은이 이종민, 천수진
펴낸이 한성주
펴낸곳 ㈜두드림미디어
책임편집 이향선
디자인 김진나(nah1052@naver.com)

㈜두드림미디어
등 록 2015년 3월 25일(제2022-000009호)
주 소 서울시 강서구 공항대로 219, 620호, 621호
전 화 02)333-3577
팩 스 02)6455-3477
이메일 dodreamedia@naver.com(원고 투고 및 출판 관련 문의)
카 페 https://cafe.naver.com/dodreamedia

ISBN 979-11-982681-8-1 (03320)